KB270565

SPARKNOTES™

시민불복종

Civil Disobedience

헨리 데이비드 소로

다락원 | Spark Publishing

SPARKNOTES™ 003

시민불복종

펴낸이 정규도
펴낸곳 (주)다락원

초판 1쇄 인쇄 2009년 2월 10일
초판 2쇄 발행 2017년 6월 30일

책임편집 안창열
디자인 손혜정
번역 강태원
표지삽화 손창복

다락원 경기도 파주시 문발로 211
내용문의: (02)736-2031
구입문의: (02)736-2031(내선 250~252)
Fax:(02)732-2037
출판등록 1977년 9월 16일 제300-1977-23호

Copyright © 2009, 다락원

값 7,000원

ISBN   978-89-5995-168-0 43740

http://www.darakwon.co.kr
일이관지(一以貫之) 논술팀이 제시한 실전 연습문제 답안작성
논술가이드는 www.darakwon.co.kr에서 무료 제공합니다.

세계의 교양을 읽는다

고전을 왜 읽는가?

인간의 삶과 세상에 대한 영원한 물음이 있기 때문이다. 시대와 사상을 뛰어넘어 지금 여기 우리에게 필요한 물음이 없는 고전은 더 이상 고전이 아니다. 인간과 삶에 대한 근원적인 물음 없이 고전을 읽는다면 자신과 인간에 대한 성찰과 지혜로 이어지지 않는다. 논술 시험 때문에, 과제물 때문에, 아니면 남들이 읽으니까, 나도 읽는다는 식이라면 그 책은 죽은 책일 수밖에 없다.

고전을 살아 있는 책으로 만드는 이 '물음!'에 답하기 위해서는 좋은 길잡이가 필요하다. 오랜 기간 동안 미국의 고교생과 대학 주니어들이 시험, 에세이 작성, 심층토론 준비를 위해 바이블처럼 애용해온 'SPARKNOTES'와 'CliffsNotes'는 바로 그런 좋은 길잡이의 표본이다. 이 두 시리즈가 원조 논술연구모임인 '일이관지(一以貫之)' 팀의 촌철살인적 해설을 곁들여 논술로 고민중인 대한민국 학생 여러분을 찾아간다.

SPARKNOTES와 CliffsNotes의 가장 큰 장점은 방대하고 난해한 고전을 Chapter별로 요약하고 분석해서 원전의 내용에 보다 쉽고 체계적으로 접근하는 신속·간편성이라고 할 수 있다. 여기에 '一以貫之' 팀이 원전의 중요한 문제의식, 즉 근원적 '물음'은 무엇이며, 그 '물음'은 오늘날에도 여전히 유효한가, 라는 질문을 다시 던진다.

대입논술로 고민하고, 자칭 타칭의 고전이 넘쳐나는 오늘의 독서풍토에서 지적 정복이 긴박한 대한민국 학생들에게 감히 이 시리즈를 자신있게 권한다.

一以貫之 논술연구모임 연구실장 이호곤

차례

이 책의 구성

SPARKNOTES와 CliffsNotes는 방대하고 난해한 원작을 보다 쉽게 이해할 수 있도록 돕는 안내서입니다. 여기에는 원작 이해를 돕기 위해 매 장마다 '요점 정리(또는 줄거리)'와 '풀어보기'가 실려 있습니다. '요점 정리(또는 줄거리)'에는 원저의 내용을 일목요연하게 정리해 놓아 저자가 전달하려는 내용을 어렵지 않게 파악할 수 있습니다. '풀어보기'에서는 철학서의 경우, 원저에 담긴 저자의 사상이나 관련 철학, 시대 상황, 논점 등을, 문학 작품인 경우에는 원작에 담긴 문학적 경향, 등장인물의 심리상태, 주제 등을 설명해 놓았습니다. 분석적이고 비판적인 글읽기의 바탕이 되는 요소들이죠. 비소설이나 소설을 막론하고 분석적이고 비판적인 글읽기는 독자에게 꼭 필요한 자질입니다.

그밖에도 원저를 좀더 깊이 복습해서 제대로 소화할 수 있도록 돕기 위해 'Study Questions'와 'Review Quiz' 등을 마련해 놓았습니다.

* (　)는 철하서, 잘편수설, 죽편소설, 수필집, 시집. "　"는 단편소설, 논문
* 작품명은 독자의 이해를 돕기 위해 예외적인 경우를 제외하고는 영어식으로 표기함.

◉ 일이관지(一以貫之) 논술노트

권말에는 일이관지 논술팀에서 작성한 논술노트가 실려 있습니다. 원저를 우리의 삶과 연계시켜 비판적 사고와 논리적 글쓰기의 방향을 제시합니다.

◉ 실전 연습문제

논술예제와 기출문제를 통해서는 원작을 바탕으로 출제 가능성이 높은 논점을 함께 숙고해 봅니다.

간추린
명저
노트

헨리 데이비드 소로 Henry David Thoreau(1817-62)는 철학자인 동시에 작가로서 미국 사회제도에 대한 거침없는 비판 활동, 자연에 대한 존경심, 그리고 검소한 삶에 대한 예찬 등으로 일찍이 정평이 나 있었다. 그는 작가 랠프 왈도 에머슨*으로부터 지대한 영향을 받았는데, 에머슨이 소개한 초월론은 소로의 사상과 글의 핵심 철학이다. 소로는 〈시민불복종 Civil Disobedience〉(1849) 외에 〈월든 Walden〉(1854)으로도 유명하다. 〈월든〉에는 소로가 매사추세츠 주의 월든 연못에서 1845년부터 1847년까지 홀로 살면서 겪은 경험과 명상들이 서술되어 있다.

그는 평생 동안 개성과 독립독행(獨立獨行)의 중요성을 강조했고, 몸소 시민불복종운동을 실천했다. 멕시코 전쟁에 대한 저항수단으로 납세를 거부했다가 감옥에서 하룻밤을 보내기도 했던 그는 일부 준주**들의 노예제도도 반대했다. 감옥에서의 경험과 그것을 통한 사색의 결과, 〈시민불복종〉을 저술하기로 마음을 굳혔던 듯하다. 1848년, 소

---

* **랠프 왈도 에머슨**(Ralph Waldo Emerson. 1803-82): 미국의 사상가, 시인. 주요 저서는 〈자연론〉 등.

** **준주**(territory): 주의 자격을 얻지 못한 행정구역.

로는 처음에 한 편의 연설문 초안을 콩코드 학회에 보냈는데, 그것이 이듬해에 〈시민정부에 대한 저항 *Resistance to Civil Government*〉이란 제목을 달고 출판되었다.

소로의 생애 동안 미국에서 벌어진 두 가지 주요 논쟁거리는 노예제와 멕시코-미국 전쟁(1861-65)이었고, 이 논점들은 소로의 글에서 두드러진 역할을 수행한다. 1840년대 말엽, 미국 사회에서는 노예제에 쐐기를 박으면서 반대 기운이 점차 거세게 일어났으며, 1850년대에는 이 문제를 둘러싸고 나라가 점점 양극화되었다. 수많은 노예폐지론자들은 도망노예처벌법과 같은 친노예제 법률들의 제정에 대해 다양한 형태의 시민불복종운동을 전개하며 정부정책에 저항했다. 노예제는 남북전쟁을 거쳐 노예폐지론을 옹호하는 북부군이 승리하면서 폐지되었다. 에이브러햄 링컨의 노예해방선언은 애초 노예제 반대세력이었던 북부에서는 물론, 노예제를 시지하던 남부연맹 지역에서까지 모든 노예를 자유롭게 만들 예정이었고, 종국적으로 연방헌법 제13조 수정조항은 미국 전역에서 노예제 금지를 명문화하기에 이르렀다.

이러한 국내적 갈등상황 이외에도 멕시코-미국 전쟁(1846-48)은 많은 논쟁과 분열을 조장했다. 미국과 멕시코의 국경선 분쟁으로 촉발된 이 전쟁은 궁극적으로는 미국의 영토확장이란 파렴치한 실속을 차리기 위한 것이었고,

대다수 국민들은 차지할 수 있는 모든 땅을 확보하는 것이야말로 '명백한 운명'*이라고 생각하고 있었다. 그 결과, 미국은 캘리포니아, 네바다, 유타를 포함하는 오늘날 남서부의 상당 부분을 차지했다. 소로를 비롯한 전쟁반대론자들은 이 같은 영토확장 정책이 불필요한 침략전쟁을 야기시킬 뿐만 아니라 철학적으로도 정당화될 수 없는 오만함에 근거한 정책이라고 몰아붙였다.

〈시민불복종〉은 미국은 물론, 해외에도 커다란 영향을 미쳤다. 저술가 로버트 다운스가 '세계의 역사를 바꾼 책'이란 찬사를 보낸 이 작품은 처음에는 소로의 다른 저서들처럼 무관심 속에 방치되다가 19세기 말 레오 톨스토이**에게 발견되어 그의 정치·사회사상에 획기적인 전환점을 마련해 주었고, 간디를 통해 세계 역사에 커다란 반향을 불러일으켰다. 당시 남아프리카에서 인도 독립운동을 펼치던 간디는 "소로에게서 한 분의 위대한 스승을 발견했으며, 〈시민불복종〉에서 내가 추진하는 운동의 이름을 따왔다"고 말했다. 그 후에는 영국의 노동운동가들, 나치 점령하의 레지

---

* **명백한 운명**(Manifest Destiny): 1845년 미국의 텍사스 병합 당시 데모크라틱 리뷰 지의 주필이던 J. L. 오설리번이 7, 8월호에 게재한 논설 중 '아메리카 대륙에 민주제도를 확대해야 할 우리의 명백한 운명은 해마다 증가하는 수백만 인구의 발전을 위해 신이 베풀어주신 것'이라고 말한 데서 유래. 그 후 미국 영토확장 이념의 표어가 되어 뉴멕시코, 캘리포니아, 오리건 합병 등의 논거로 이용되었다.

** **레오 톨스토이**(Leo Nicolaevich Tolstoy, 1828-1910): 러시아 소설가, 시인, 사상가. 주요 작품은 〈전쟁과 평화〉, 〈안나 카레니나〉 등.

스탕스 대원들, 마틴 루터 킹* 같은 민권운동가들을 비롯해
오늘날에도 여전히 불의의 권력과 싸우는 수많은 사람에게
용기를 북돋아주고 있다.

<hr>

* **마틴 루터 킹**(Martin Luther King. 1929-68): 미국의 침례교 목사, 흑인 민권운동가.
  1964년 노벨상 수상. 주요 저서는 〈자유를 향한 위대한 행진〉 등.

헨리 데이비드 소로의 〈시민불복종〉은 법의 강압적 명령보다는 인간의 양심이 우선해야 할 필요성을 역설하면서 당시 미국의 사회제도와 정치적 책략들을 비판하고 있다. 그 비판대상들 가운데 가장 두드러진 것이 노예제도와 멕시코-미국 전쟁이다.

소로는 글의 초두에서 정부는 좀처럼 스스로의 효용가치를 입증하지 못하고 있으며, 정부가 굳이 권력을 다수 국민으로부터 도출해내려는 것은 국민계층이 가장 강력한 단체이기 때문이지 가장 합법적인 관점을 유지하고 있기 때문은 아니라고 주장한다. 그리고 인민들의 최우선 의무는 스스로가 믿는 도덕적 선을 행하는 것이며, 다수가 지배하는 법률을 (그저 소극적으로) 따르는 일이 결코 아니라고 지적한다. 인민들은 정부가 정의롭지 못할 때, 법률 준수를 기꺼이 거부해야 하며, 일반적으로는 정부와 일정한 거리를 두고 초연히 지내야 한다. 또한 세상의 악을 제거하는 데 헌신해야 할 의무를 부여받은 것은 아니더라도, 최소한 그 악행에 가담하지 않는 것이 인간으로서의 기본적 도리다. 여기에는 국민들이 부당한 기관(예컨대, 부당한 정부)의 구성원이 되지 않아야 할 의무도 포함된다. 소로는 미국이 노예제도를 선호하고 침략전쟁을 일삼는다는 점에서 사악한 정부에 속한다고 주장한다.

소로는 미국 정부 내에서의 개혁효과를 그다지 탐탁스럽지 않게 생각하고, 투표제도나 정치제도 개선에 대한 청원도 아무런 성과를 이루어내지 못하고 있다고 주장한다. 그리고 부당한 정부에 대응하는 전형적인 전략의 하나로 노예제에 항거하기 위해 세금납부를 거부했다가 감옥에서 하룻밤을 보냈던 경험을 소개한다. 그러나 보다 일반적인 저항방법은 정부와의 모든 교류를 단절해 '두 손을 깨끗이 씻고' 악한 정부기관 속에 어떠한 참여나 연루, 개입도 완강히 거부하는 것이다. 소로의 견해에 따르면, 이러한 형태의 저항이 정부조직에 직접 참여해 내부로부터 개혁을 주장하는 것보다 훨씬 더 효과적이다. 이를테면, 정부에 소속되어 공무원으로 일하게 되면 해당 정부 자체의 진면목을 제대로 파악할 수 없다는 깃.

여러 개의 주제를 다루는 〈시민불복종〉에서 소로는 시종일관 적절한 운문들과 사회평론들을 여기저기에 산재시킨다. 비록 그는 절(section)의 구분을 하지 않았지만 여기서는 그가 전달하려는 내용을 분명히 밝히고 독자들이 쉽게 이해할 수 있도록 편의상 세 개의 절로 나눠 설명한다.

● **권력에의 의지** will to power │ 우주의 모든 사물에 동기를 부여하는 기본적인 힘. 니체는 '자유를 향한 본능'이라고도 말하는데, 모든 다른 의지로부터 독립하는 힘인 동시에 그것들을 지배하는 힘이다. 권력에의 의지는 원시적인 야만인들의 강간, 약탈, 고문 같은 세련되지 않은 행동이기도 하지만, 자기학대를 통해 스스로를 더욱 깊고 강하고 독립적인 마음을 가진 존재로 만들려는 세련된 행동이기도 하다.

● **노예폐지론자** abolitionists │ 노예제 폐지를 지지하는 활동가들.

● **다니엘 웹스터** Daniel Webster(1792-1852) │ 미국의 저명한 웅변가이자 정치가. 상원의원을 지낸 인물로 강력한 연방정부의 옹호자이자 달변가. 멕시코 전쟁에 반대했으나 1850년 노예제 협상안을 국회에서 통과시키는 데 일익을 담당했으며, 그 일로 인해 많은 북부 사람들로부터 폄하를 당했다. 윌리엄 헨리 해리슨 대통령, 존 타일러 대통령, 밀라드 필모어 대통령 재임기간 동안 국무장관을 역임하기

도 했다.

● **초월주의** Transcendentalism | 18세기와 19세기 후반에 널리 알려진 철학. 경험과 관찰을 통해 지식이 완전한 형태로 도출될 수 있다는 생각에 반대하며, 진리는 영적인 세계에 머물러 있다고 주장. 미국의 초월주의는 1840년대에 뉴잉글랜드 지방에서 에머슨의 주도 하에 정점에 도달했다. 에머슨에 따르면, 물질세계가 중요한 것은 우리에게 필요한 제품과 미를 자주 선사하기 때문이다. 사람들은 물리적 · 감각적 인식이 아니라 이성을 통해 파악된 진실에 근거한 삶을 영위해야 하고, 자신의 내부에서 진실을 발견하게 되므로 자립심과 개성이 절대적으로 중요하다. 에머슨은 소로의 정신적 스승으로서의 소임을 다했고, 소로는 그 이후에 또 하나의 주도적인 미국 초월주의를 잉태했다.

Section별 정리 노트

Section 1
최소한의 정부가 최선

소로는 〈시민불복종〉의 도입부에서 최소한의 정부가 최선이란 명제에 동의한다고 밝힌다. 실제로도 그는 언젠가는 전혀 국가의 통치를 받지 않는 정부형태를 가질 수 있을 것이라고 전망한다. 현 상태의 정부는 좀처럼 유용하거나 효율적이지 않고, 권력은 '남용되거나 오용되기' 일쑤여서 더 이상 인민의 의사도 제대를 반영하지 못한다는 것. 이러한 괴리현상을 단적으로 입증하는 사례가 멕시코-미국 전쟁이다.

미국 정부가 필요한 이유는 "이미 인민들이 다양한 종류의 복잡한 기계들을 보유하고 있고, 그 기계소음을 들어야 자기들이 가진 소위 '정부'라는 개념을 만족시킬 수 있기 때문이다." 그러나 정부가 쓸모 있었던 유일한 시대는 국민들의 행위에 개입하지 않고 홀로 초연히 있었을 때뿐이다. 소로는 정부가 사실상 인민들이 위임한 업무를 달성

할 수 없다고 판단한다. 정부는 국가를 자유롭게 하지도 못하고, 서부 개척지의 문제를 해결할 수도 없으며, 국민들을 제대로 교육시키지도 못한다. 오히려 이러한 일은 국민들의 개성으로 성취되고, 만약 정부가 간섭을 줄인다면 그만큼 국민들의 노력은 성과를 이루어낼 것이다. 소로는 교역과 상업에 관한 국가의 제한조치에 대해서도 반론을 제기하지만 이것은 국민의 입장을 대변하기 때문이지, 정부의 철폐를 직접적으로 주장하는 것은 아니라고 말한다. 현 정부의 제거보다는 당분간이라도 보다 나은 정부의 출현을 요청하는 것.

그는 민주주의 정부가 다수의 요청에 귀를 기울임으로써 그저 최고 강자들의 욕망에 부응할 뿐, 덕 있고 사려 깊은 자들의 희망사항을 수용하지는 못한다고 주장한다. 이러한 강압적 다수결원칙에 근거한 정부가 정의에 기초했을 리는 만부하다. 도내체 어째서 선악과 시비판단이 다수결이 아니라 양심에 따라 결정되는 정부는 존재할 수 없는 것일까? 국민들은 양심을 잠시 혹은 어느 기간 동안 입법자들에게 위탁해야만 하는 것인가? 만약 그렇다면, 모든 인간들 각자가 양심을 소유하고 있는 이유는 무엇인가? 우리는 먼저 인간이 된 연후에야 신민이든 국민이든 백성이든 될 수 있다. 그리고 법률보다는 권리에 대한 존경심을 발달시키는 것이 더욱 중요하다. 왜냐하면 옳은 일을 하는 것이 인민들의 의무이기 때문이다.

　　과도한 준법정신은 인민들을 수많은 부당한 상황으로
오도한다. 그 단적인 예가 전쟁이라고 할 수 있다. 전쟁터에
서 병사들은 인간성의 그림자나 허수아비로 전락하고, 정부
는 그들을 기계로 변형시켜버린다. 그들은 도덕적 가치판단
을 내릴 만한 기회를 전혀 갖지 못하고, 단지 말이나 개의
가치판단 수준에 비견되는 하찮은 존재들로 전락하는 것이
다. 그럼에도 불구하고 그들은 흔히들 선량한 국민들이라고
불린다. 마찬가지로 대부분의 입법가나 정치인들은 도덕성
을 일차적으로 고려하지 않고, 그러한 도덕적 가치판단을
우선시하는 소수의 정치가나 입법가는 적으로 간주되어 무
참히 박해받기 일쑤다.

　　그렇다면 국민들이 정부에 대해 어떻게 행동해야 하는
가가 문제다. 그 첫 번째 해결방안은 국민들이 정부와의 연
루를 회피하는 것이다. "나는 단 한순간이라도 노예의 정권
이기도한 현 정치조직을 나의 (자랑스러운) 정부라고 인정
할 수 없다"고 소로는 주장한다. 모든 인민들은 너나 할 것
없이 참을 수 없을 만큼 독재적이거나 비효율적인 정권과
직면하게 되면 혁명권을 인정하지만, 대부분의 인민들은 그
러한 혁명행위가 현 정권 하에서는 정당성을 지니지 못할
것이라고 말한다. 그러나 인민들은 그 같은 독재권력에 저
항하거나 혁명을 일으킬 권리와 의무가 있다. 현 정권이 인

구의 6분의 1을 노예로 만들고 멀쩡한 이웃 나라 멕시코를 침공하는 야만적 행위는 국민이 그 정권을 더 이상 존속시킬 수 없는 근거이자 엄청난 부정의를 실증하는 것이다.

국민의 의무가 국가편의주의를 위해 존재해야 한다거나, 단순히 국민들이 현재 향유하는 정부의 공공 서비스를 계속 받으려면 잠자코 복종해야 한다는 사고방식에는 문제점들이 확연히 드러난다. 국가의 편익이 정의보다 우선순위를 차지하는 것은 아니다. 인민들은 어떠한 대가를 치르더라도—설령 그 대가가 목숨이라고 하더라도—마땅히 정의가 요청하는 것을 행해야 한다. 소로는 "내가 만약 익사 상태에 처한 사람과 하나의 나무판자를 놓고 정의롭지 못하게 옥신각신해야 할 처지라면, 설령 물에 빠져 죽는 한이 있더라도 그 판자를 상대방에게 양보해야 한다"고 말한다. 같은 논리로, 미국 인민들은 가령 노예제를 폐지하고 멕시코와의 선생을 밈춘다면 국기의 민족으로서의 존재 자체에 치명타가 된다고 하더라도 (그것이 정의로운 일이라면) 그렇게 해야 한다.

실제로 매사추세츠 주의 개혁 반대세력들은 누구나가 비난하는 극단적 보수성향을 지닌 정치인이라기보다는 소극적으로 현 상태를 그저 관용하며 수수방관하는 상인과 자영농들—어떠한 희생을 치르더라도 기꺼이 정의를 위해 투쟁을 벌일 의사가 결여된 인민들—이다. 많은 사람들은

대다수 국민들이 노예제도의 폐지가 불러일으킬 사회변화
와 파급효과에 대해 아직 성숙한 대비가 이루어져 있지 않
다고 주장한다. 소로는 다음과 같은 반론을 펼친다. "우리
는 다수의 국민을 교육시킬 수 있는 소수정예의 현명한 자
들을 필요로 할 뿐이고, 그 현자들에게 사회변화를 대비토
록 하면 된다. 노예제도와 멕시코 전쟁에 반대하면서도 잠
자코 있는 수많은 인민들은 그저 타인들이 행동하기를 기
다릴 뿐이다." 소로는 이처럼 인민들의 비자발적이고 소극
적인 기다림, 바로 그 피동성을 비난한다.

　　소로의 글은 추상적인 정치이론일 뿐만 아니라 당대
의 논점들을 지적하는 실천적·주제 지향적 논문이기도 하
다. 이러한 두 가지 측면은 첫 번째 글에서 잘 나타난다. 한
편, 소로는 민주주의의 성격과 국민-정부의 관계에 대해 몇
가지 이론적 주장도 펼치고 있다. 이를테면, 정부는 양심에
근거해야 하고, 국민은 부당한 정부와 관련을 맺어서는 안
된다는 것. 따라서 그의 글은 정치적 이상을 밝히고 정부와
사회의 이상적 구조방식을 도출해내는 하나의 정치철학이
론으로 간주되어야 마땅하지만 단순한 이론에만 그치는 것
이 아니라 당대의 최신 정치적 논쟁사항에 대한 강렬한 호

소문이다. 소로는 노예제도와 멕시코 전쟁을 당시 미국 국민들의 삶과 직결된 현안문제로 다루면서 독자들의 행동을 강력히 촉구하고, 자기의 정치이론을 활용해 인민들의 일반적 행동방식을 도출해냄과 동시에 그 논리를 정치현안에 적용하고 있다. 인간의 의무는 각자가 살고 있는 세계 공동체로부터 필연적으로 발생하는 것이고, 소로는 당대의 부정의—노예제, 침략행위 등—에 깊은 우려를 표시하고 있는 것이다.

소로의 글에 전반적으로 나타나는 가장 중요한 주제 하나는 개인주의란 개념이다. 정부에 대해 몹시 냉소적이고 회의적인 소로는, 정부에 대한 충성 때문에 각 개인이 가치를 희생하거나 사회적으로 무시해야 한다는 사고방식에는 적극적으로 반대한다. 더욱이 만약 어느 한 개인이 어떠한 방식으로든지 정부를 지지하게 되면—심지어는 정부의 권위를 존중하는 태도를 보이면—정부가 추진하는 부정의(사회악의 창출행위)에 공모하고 가담하는 것이라고 주장한다. 그 일로 인해 개인에게는 지극히 무거운 책임이 부과된다. 정부의 사악한 행위들과 타협하거나 소극적으로 수긍하면 양심에 반하고 범죄를 저지르는 것이 된다. 만약 개인들이 이 같은 소로의 견해를 따른다면 사회 공동체는 얼마나 불안해질지 생각해 보라! 만약 모든 인민들이 개인으로서의 인간이 우선하고 국가 구성원으로서의 국민(또는 백성)은 후차적이란 견해를 갖는다면 그 사회는 제대로 운영될 수 있을까? 그러나 소로의 정치이념이 일반 보편성에는 다소 무리가 있겠지만 한 개인의 구체적 행동에 조화롭게 적용될 수 있는 여지는 전혀 없을까? 소로라면 적용할 수 없다고 답했을 것이다. 실제로 그는 모든 사람들이 각자의 개인적 가치를 따르지는 않을 것이란 점을 알고 있었고, 자기 스스로에 대한 하나의 행위기준을 설정하는 것이 자기 의무라고 주장했다. 우리는 이러한 개인주의적 정치이념을 경솔하다거나 용감하다고 여길 수 있다. 그러나 개인주의와 정부에 대한 강도 높은 회의주의는 수많은 주요 정치개혁운동의 토대이자 정치철학으로서 맡은 바 소임을 다했다. 그 같은 사고방식들이 이른바 구체적 특성을 지닌 미국의 가치들이며, 미국을 그만큼 자유국가로 만들었다.

Section 2
양심의 목소리에 귀를 기울여야

소로는 국민의 한 사람으로서의 개인주의적 의무에 대한 견해를 밝힌 후, 국민들이 정부가 일삼는 부정의에 어떻게 반응해야 할지로 관심을 돌린다. 투표행위를 적절한 해결책이라고 믿을 수만은 없다. 정의를 위해 투표한다는 것이 곧 정의를 위해 행동한다는 뜻은 아닌 것이다. 오히려 투표행위란 여러분의 권리가 펼쳐내는 욕망을 자유롭게 표현하는 것에 불과하다. 현명한 사람이라면 정의를 다수결이란 요행수에만 내맡기지는 않을 것이다. 결국 다수는 자기들의 이익을 위해 투표할 것이고, 자기들에게 유리한 국면을 전개시키기 위해 그 투표를 이용할 것이기 때문이다. 그러나 원칙과 신조를 지닌 사람이라면 당연히 양심의 목소리에 귀를 기울여야 한다. 더욱이 근래에는 소속 정당의 명령으로부터 독립해 양심에 따라 투표하는 사람은 전무하다. 오늘날 미국에는 제대로 의식이 박힌 사람이 거의 없다. 도대체 우리 국민들의 지적 능력과 자립심은 어디로 갔으며, 왜 이다지도 자만심에 빠져 있단 말인가!

인간이 사회적 악행들—심지어는 가장 심각한 악행들—을 실제로 제거할 의무를 지니는 것은 아니다. 정당하게 다른 목표를 추구하며 살아갈 수도 있겠지만 최소한 부정의에서는 반드시 손을 씻거나 그릇된 일과 관련을 맺어서는 안 된다는 것이다. "만약 내가 다른 사업이나 계획에 전념하고 있더라도, 우선은 최소한 내가 다른 사람의 어깨 위에 앉아 그 일을 하고 있는 것은 아닌지 살펴야 한다"고 소로는 말한다. 따라서 전쟁을 추구하는 부당한 정부에 계속 충성하는 사람이, 그 전쟁에 참여하기를 거부하는 병사에게 명령을 내리는 것은 위선이다.

누구나 악법들이 존재한다는 사실을 인정한다. 문제는, 과연 우리가 그처럼 정의롭지 못한 법률에 복종해야 하는지, 아니면 악법들을 개선시키려고 노력하면서 바뀔 때까지 그저 준수해야 하는지, 혹은 즉각 그 악법들에 불복종해야 하는지의 여부다. 대다수 사람들은 민주주의에서는 두 번째, 즉 개선 노력은 하되 일단은 준수하는 것이 최선이라고 믿는다. 저항을 통해 야기될 혁명이 부정의보다 해롭다고 생각하기 때문이다. 그러나 정부가 저지르는 다음과 같은 오류들이야말로 그 궁금증들을 명백히 풀어준다. 정부는 개혁 또는 체제비판을 고무하거나 허용하지 않는다. "도대체 어째서 다수파가 이끄는 정권들은 하나같이 예수를 십자가에 처형하고, 코페르니쿠스*와 루터**를 파문시켰으며, 워싱턴과 프랭클린을 반역도라고 선언했는가?

그러한 연후에 소로가 정부를 기계에 비유한 점을 주목하자. 만약 부정의가 '정부란 기계'의 '불가피한 마찰소음'의 일부라면 그대로 내버려두면 된다. 어쩌면 부드러워질 수도 있을지 모르고, 여하튼 결국에는 마모되어버릴 테니까. 그리고 부정의가 그 자체의 샘솟는 우물과 밧줄과 도르래를 가지고 있다면, 단순히 그 기계소음을 고치는 일이 부정의보다 더 유해한지를 고려해야 한다. 그러나 만약 정부가 어느 개인에게 다른 사람을 향한 부정의의 매체가 될 것을 요구한다면, 당연히 법률을 위반해야 한다. 소로는 독자에게 기계의 '마찰소음을 막는 사람'이 되고 악행에는 동참하지 말라고 촉구한다.

이어서 소로는 정부를 통해 개선을 모색하면 너무 많은 시간을 빼앗기고, 심지어는 한 인간의 삶을 낭비하도록 요구한다고 주장한다. 그렇게 정부에 참여하는 인간들은 세상에 태어나서 단순히 그곳에 안주할 뿐이지, 전심전력을

---

* **코페르니쿠스**(Nicolaus Copernicus, 1473-1543): 폴란드 천문학자. 태양중심설(지동설) 주장. 주요 저서는 〈천체의 회전에 관하여〉 등.

** **루터**(Martin Luther, 1483-1546): 독일의 종교개혁자, 신학자. 주요 저서는 〈그리스도인의 자유에 대하여〉 등.

기울여 이 세상을 더욱 살기 좋은 곳으로 만드는 데 기여하지 못한다. 인간이란 모든 종류의 선한 일들을 행할 수 있는 시간적 여유가 없으므로 결코 악행이나 비행을 저질러서는 안 된다. 미국의 경우, 어쨌든 현 정권은 악을 치유하고 개선할 여지가 없다. 바로 헌법 자체가 악이기 때문이다.

모든 노예폐지론자들은 매사추세츠 정부를 지지하기 위해 그네들의 인력과 재산을 대여하거나 원조해 왔던 행위를 당장 중단해야 한다. 소로 자신도 세금징수원이 올 때마다 1년에 한 번만 미국 정부와 직접적으로 접촉할 뿐이라며, 관료가 된다는 것의 본질이 무엇인지를 잘 이해하고 있다고 분명히 밝히고, 국민들이 세무공무원들과도 분쟁할 것을 강력히 요청한다. 이 같은 사소한 항의들은 매우 중요하다. "반정부 행위의 시작은 아무리 작더라도 상관없다. 일단 한 번 실천한 선행은 영원히 잘 수행되어진 까닭이다." 그러나 대다수 국민들은 항의하기보다는 그저 공허하게 대화할 뿐이다. 만약 국민들이 저항행위의 위험을 개의치 않고 감옥에 가는 일도 마다하지 않는다면, (개선을 향한) 변화는 실질적으로 일어나고야 말리라.

'국민을 부당하게 투옥하는 정부 치하에서는 올바른 국민이 거할 진정한 장소는 바로 감옥'이라고 소로는 주장한다. 이것이 오늘날 매사추세츠 주의 현실이다. 감옥에서는 누구든지 부정의의 희생자들과 더불어 명예롭게 살아갈 수 있다. 아마도 혹자는 감옥에 갇혀 있으면 무용지물에 불과하다거나 자격을 박탈당해 변화를 초래할 수 없을 것이라고 고민할지도 모른다. 그처럼 심약한 국민이라고 하더라도 진실이 오류보다 훨씬 더 강하다는 것을 분명히 잘 알고 있다. 그리고 의지가 박약한 사람도 일단 그러한 투쟁을 직접 경험하고 나면, 얼마나 강력하게 부정의에 항거할 수 있는지를 확연히 깨닫게 된다. 소로는 국민들에게 부정의에 항거해 '전체 의지와 인격이 담긴 투표권을 행사하라'고 요구한다. 여기에서의 투표는 한 장의 투표권이 아니라 자기가 지닌 잠재적 힘의 총 동원력이자 타 국민과의 총체적 연대다. 비록 소수의 힘이더라도 연대해서 전체의 무게를 활용하면 불가항력이 되기 때문이다. 만약 주 정부에 노예제와 전쟁을 포기하든 모든 정당한 인간들을 투옥하든 둘 중 하나를 선택하라고 요구한다면 부당한 정책들을 폐지하거나 철회할 것이다.

소로는 자기가 이제까지 국민들에게 재산 몰수보다는 투옥 쪽에 초점을 맞췄던 주된 이유는 정의로운 사람들은 전형적으로 재물 축적을 회피하는 경향이 있기 때문이라고 설명한다. 이들에게는 주 정부가 베푸는 공공 서비스가 거의 없으므로 소액의 과세조차 과도하게 느껴진다. 더욱이 부자는 항상 그의 부를 가능케 한 사회제도에 매수되어버리고, 재산이 증가함에 따라 덕은 감소한다. 치부(致富)가

길러내는 유일한 질문은 그 돈을 어떻게 써야 할 것인가이다. 부는 결코 자기성찰이나 도덕적 숙려를 조장하지 않는다. 따라서 물질적 부에만 집착하는 인간들은 그네들의 도덕적 기반을 잃게 된다. 생활수단이 풍족해지면 참되게 살아갈 기회는 사라져버리므로 부자가 되었을 때 교양을 쌓기 위해 할 수 있는 최선의 행위는 가난했던 시절처럼 검소한 삶을 영위하려고 노력하는 일이다.

　　이제 소로의 생각은, 인민들에게는 정부의 보호가 필요하다는 주장을 펼치거나 시민불복종이 가족과 재산에 미칠 결과를 우려하는 독자들에게로 옮겨간다. 그는 주 정부의 보호 하에 예속되는 것을 결코 원치 않는다고 말하면서도 만약 납세를 거부하면 재산을 잃게 될 뿐더러 주 정부가 가족을 해치려고 할 것이라며 이러한 저항행위가 '매우 어려운' 일이라고 시인한다. 정직하면서 동시에 사회적 편리함을 추구하기는 어려운 일이다. 따라서 소로의 결론에 따르면 재산을 축적하는 행위는 무가치하다. 인간은 마땅히 자족할 줄 알아야 하며, 그저 소량의 작물을 농사지어야 한다. "여러분은 주제넘지 않게 자아 내에서 살아야 한다"고 설파한 그는 독자를 일깨우기 위해 공자를 인용한다. "만일 한 국가가 올바른 이성에 의해 통치되고 있지 않다면, 그 같은 상황 속에서의 치부는 수치의 근원일 따름이다!" 그는 추론을 통해 정부의 부당한 명령에 복종하기보다는 오히려 불복종함으로써 당당하게 처벌받는 쪽이 어느 모로 보나 비용 경제적이라고 밝힌다. 즉, 정부의 보호를 포기하고 가족에 대한 불이익을 감내하는 쪽이 부당한 정책에 소극적으로 동조하고 순응함으로써 자기의 인격적 고결함을 훼손하는 쪽보다 잃는 것이 훨씬 적다는 것. '만약 나 자신이 온전한 인격의 고결함을 잃게 된다면 인간으로서의 무가치함을 느끼게 될 것'이라는 게 그의 확고한 입장이다.

소로는 이 절에서 인민들이 다른 사람들에게 일어나는 해악을 책임지는/책임지지 않는 방식에 대해 철학적으로 중요한 논점을 피력하고 있다. 인민들 스스로가 참여하는 국가의 정의롭지 못한 행위들에 대해서는 책임을 지라는 그의 주장은 아주 의미심장하다. 소로에게 참여는 폭 넓은 의미를 지닌다. 부조리한 기관의 구성원, 심지어 사악한 정부에 납세까지 하는 시민은 부정의에 참여하는 자가 된다. 사악한 정부에 대한 납세행위는 한 인간을 도덕적으로 퇴색시키기에 충분하다. 그러므로 인민들은 정부와 결별해야 하고 재정적으로나 인력적으로 지원하지 말아야 할 의무가 있다. 그렇다고 해서 소로는 최선을 다해 선을 증진시켜야 할 상응의 의무가 있다고는 주장하지 않는다. 인민들은 악을 야기시키지 않을 의무는 있으나 자초하지 않은 악에 대항하려고 애쓸 의무는 없다. 도덕은 사람들에게 '더 나은' 세상을 만들기 위해 열심히 노력하기보다는 그저 현재의 세상이나마 더 나빠지지 않도록 애써야 한다고 요구한다. 소로가 여기서 보여준 두드러진 특성은 개인주의라는 신념과 연결되어 있다. 개인들은 각자의 힘으로 살아가야 하며, 지상에 머무는 짧은 삶을 제대로 활용해 자신의 이익과 목표를 추구해야 한다. 소로는 사람들이 세상을 개선시키는 것보다 우선시해야 할 관심사를 갖는 것은 지극히 당연한 일이라고 해석한다. 개개인이 각자의 가치와 관심사에 충실함으로써 인격적 고결함을 유지해야 한다는 것이다. 그러나 바로 그 이유 때문에 자신의 악행에 대한 묵시적 지지로써 직간접적인 책임을 지게 되므로 (정부가 저지르는) 악행에 참여하거나 그것을 유발시켜서는 결코 안 되는 특별한 의무를 갖게 된다.

또한 소로의 사고방식들이 민주주의와 연결되어 있다는 사실도 고려해 볼 만한 가치가 충분하다. 분명히 다수결에 의한 민주주의와 그 통치를 비판하는 소로는 시민불복종운동이 민주적인 정부기관에 손해를 가한다손 치더라도 실질적 피해는 발생하지 않았다고 판단한다. 그러나 민주주의를 존중하는 사람들은 시민불복종이 이러한 정부제도와 어떻게 양립할 수 있는지에 대해 의문을 제기하기도 한다.

사람들이 이 같은 민주적 결정을 받아들이는 이유는 다수파에 속하면 타인들이 자기들의 견해를 순순히 수용하리란 점을 잘 알고 있기 때문이다. 그러나 윤리문제에 관해서는 어떠한 타협도 도덕적 배신행위에 불과할 따름이므로 결코 악에 동참해서는 안 된다. 설령 그 악이 법이라고 해도 마찬가지다. 따라서 소로는 정부가 민주적 경기규칙에 따라 경기를 펼치지는 않고 사람들에게 악행을 일삼도록 유도하고 있다는 생각이 들면 언제라도 정부와의 관계를 단절하고 초연하게 지낼 것을 요구한다. 그러나 소로라고 해서 민주주의의 규율에 전적으로 불복종하는 것은 아니다. 하나의 법률을 위반하면 다른 형사법(예를 들면, 조세법 따위)에 의해 처벌되리란 것을 충분히 인정하면서도 해당 국민에게 그 같은 불복종의 결과를 피하도록 노력하라고 제안하지 않고, 오히려 숨거나 망명길에 올라서는 안 되며, 사회는 온전하게 그처럼 무낭한 법률의 집행결과를 직시해야 한다고 말한다. 우리는 감옥에 갇혀 있음으로써 사회로 하여금 모든 정당한 국민들을 악법의 잣대로 투옥시킬지의 여부를 숙고하도록 만들어야 한다는 것. 이처럼 소로는 국가의 일정한 법률들을 준수하면 사회를 효과적으로 변화시킬 수 있다고 확신한다. 여러분은 의회를 통과한 법률의 종류와 악영향 때문에 어떤 법률을 개정시키려고 노력하는 사람들의 능력에 따라 다른 불복종 의무들이 존재한다고 생각하는가?

Section 3
개개인을 모두 존중하는 국가

　　소로는 시민불복종이란 주제를 다루기 위해 개인적 경험으로 눈을 돌린다. 그는 6년 동안 인두세를 내지 않은 혐의로 감옥에서 하루를 보내야만 했다. 감옥생활 경험은 그의 정신과 기백에 어떠한 흠집도 내지 못했다. "나와 우리 마을 사람들 사이에 돌벽과 같은 간극이 존재함에도 불구하고 그들이 나처럼 자유로워지려면, 그 돌벽보다 돌파하기 훨씬 더 어려운 난관이 도사리고 있다는 것을 깨닫는다." 소로의 참뜻을 이해할 수 없었던 주 정부 공무원들은 그의 신체를 구속하기로 결정한다. 이러한 정부의 오류가 바로 국가의 궁극적 취약성을 보여주었고, 소로는 주 정부에 연민을 갖게 되었다. 그는 보다 고차원적인 법에 복종하는 사람에 속하기 때문에 일반대중은 그에게 어떤 일을 강제할 수 없다. 그는 자신의 법률인 양심에 복종해야 하며, 이런 식으로 생을 꽃피우려 한다고 주장한다.

　　그는 '감옥에서 보낸 하룻밤은 매우 고귀하고 재미난 경험'이라고 회상한다. 감방동료는 헛간 방화범으로 기소되었지만, 이런저런 이야기를 짜맞춰보고는 그 사내가 헛간에서 파이프 담배를 피우다가 취중에 잠들어버려 과실로 불이 났다는 것을 간파한다. 소로는 감옥에 관한 이야기와 역사 이야기를 듣다가 감옥에서 지어진 몇 편의 운문을 접하게 되면서, 감옥의 작용원리에 매료된다. 따라서 그날 밤 감옥에서 하룻밤을 지새운 일은 마치 다른 나라를 여행하는 것처럼 느껴진다. 마치 전에는 단 한 번도 마을의 소리를 들어본 적이 없는 것처럼 중세기적 관점에 입각해서 마을을 바라보는 듯한 생각이 들었던 것. 그러나 첫날밤을 보낸 후에 누군가가 세금을 대납해 다음날 감옥에서 석방된 그는 마을, 주, 나라에 어떤 변화가 닥쳐오는 듯한 느낌을 갖는다. 더불어 살고 있는 사람들이 단지 호시절에만 친구들이었다는 사실을 깨닫는 것. 그네들은 정의를 추구하거나 위험을 무릅쓰는 일 따위에는 무관심하기 때문이다. 그는 곧 마을의 번화가를 떠나 다시금 주 정부의 관할에서 벗어난다.

　　소로는 자기가 모든 종류의 세금을 거부하지만 간선도로세를 항상 납부하는 것은 좋은 이웃이 되기를 열망하기 때문이라고 말한다. 그의 납세거부는 구체적인 한두 가지의 정부정책이나 세금으로 지원하는 국가사업을 방해하려는

의도라기보다는 전체로서의 국가에 대한 충성을 부인하는
것이다. 그는 말한다. "사실상, 나는 침묵으로 나름대로의
생활방식에 따라 국가와 전쟁을 선포하는 바이다. 비록 아
직은 내가 어떻게든 국가를 활용하거나 이용할 수 있고 그
런 경우가 상례지만." 소로는 익명으로 세금을 대납해 그를
석방시켜준 사람을 생각하면서, 만약 그 사람이 국가에 공
감해서 세금을 납부했다면 그/그녀는 단지 부정의에 일조
했을 뿐이고, 만약 그를 도우려는 것이었다면 사적인 감정
이 공공선에 개입해 혼선을 빚도록 허용한 셈이라고 말한
다. 소로는 이웃들이 선의적이란 것을 알기 때문에 간혹 그
들의 바람을 존중하고 뜻을 같이하고 싶지만 만약 그렇게
되면 불특정 다수의 타인들(예를 들면, 노예들)이 훨씬 더
피해를 보게 된다는 것을 스스로에게 상기시키고 일깨운다.
그는 인간을 현실적으로 바라보아야 한다는 생각(예를 들면,
백인은 백인, 노예는 노예)에 반대하며 인간으로서의 당위
성이나 이상을 포기하지 않기 때문에 동료들과 반대노선을
걸어가면서 주변사람들에게 상당한 영향을 미칠 수 있다고
믿는다.

소로는 다른 사람이나 다른 나라와 그 어떠한 갈등도
원하지 않는다며, 오히려 법의 준수를 갈망하고 법 존중의
타당한 근거를 찾으려고 노력한다. 그는 하나의 운문을 인
용한다.

우리는 조국을 부모님처럼 대해야 한다.

그리고 우리 국민들의 애국심이나 근면성이

(이런 저런 이유로) 오히려 조국을 영광되게 하는 것과는

동떨어진 행위로 전락해 버릴 때면 언제든지

그러한 모순의 결과들에 주목하며

(최선을 다해) 조국의 영혼에게

양심과 도덕의 문제를 일깨워야 한다.

결코 (그처럼 병든 조국으로부터) 제대로 된 통치행위나

혜택을 희구해서는 안 된다.

'저차원적인' 견지에서 보면, 헌법과 다른 법률들은 결점과 모순에도 불구하고 정당성을 갖는다. 그러나 고차원적인 견지에서 살펴보면 헌법과 법률들의 부덕함이 점진적으로 여실히 드러나지만 그때조차 정부는 개개인(의 행복)에 대해 그다지 신경을 쓰지 않고, 개개의 국민들은 (그렇게 무능하고 정의롭지 못한) 정부에 대해 더 이상 관심을 갖지 않는다.

소로는 법률가나 입법자들에게 더 이상 참을 수 없다고 말한다. 정치제도 안에 머무는 기득권자들은 이러한 제도들을 비판적으로 바라본 적이 없기 때문에 결코 개혁하지 못한다. "그들은 이 세상이 정부의 정책이나 편의주의 따위에 의해 다스려질 수 없다는 진리를 쉽사리 잊는다."

소로는 한 정치인을 예로 들면서 미국의 정치상황을 진단한다. "다니엘 웹스터는 기본적인 정부개혁을 이루어내지 못하지만 다른 정치인이나 개혁가들과 견주어보면 그나마 유일하게 분별력을 갖춘 사람에 속한다. 그는 지도자가 아닌 추종자이고, 그의 행동은 방어적이며 공격적이지 못하다. 그가 노예제를 지지하는 이유는 미합중국 최초의 합의사항이기 때문이다. 그는 신중하지만 지혜롭지 않다."

소로는 "미국에서는 (정의로운) 입법의 천재가 아직 단 한 명도 출현하지 않았으며, 그러한 사람이 나타난 예는 세계사 속에서도 드물다"는 결론에 도달한다. 그는 정부의 권위가 불순하다고 기술한다. 정부의 권위가 정당해지려면 반드시 피치자의 동의에 근거해야 한다. 따라서 정부의 권력이 정당성을 확보하는 유일한 방법은 국민 개개인의 자발적 동의와 참여, 즉 모든 권력이 국민으로부터 창출되는 경우다. 민주주의를 향한 운동은 필연적으로 개개인의 인격을 진정으로 존중해나가는 방향을 취하지 않을 수 없다. 그렇다고 해서 민주주의만이 우리가 이룰 수 있는 최후의 정치단계는 아니다. 소로는 한 명 한 명의 개개인을 모두 존중하는 (이상적인) 국가를 꿈꾼다. 설령 몇몇 소수의 개인들이 국가로부터 완전 독립해 살기를 선택하더라도 전혀 개의치 않는 국가. 이런 국가야말로 훨씬 더 완벽하고 영광스러운 국가로의 초석을 다지는 일이기 때문이다.

〈시민불복종〉은 당대의 정치이론들에 관한 논쟁의 보고(寶庫)이자, 흥미로운 역사적 자료다. 그의 글들과 그가 언급하는 역사적 인물들이 어떤 정치적 논제들에 대해 힘을 쏟는지 숙고해 보라. 소로의 시절 이후로 세상은 어떻게 변화를 거듭해 왔는지, 이러한 변화들이 그의 전반적인 이론의 타당성에 어떤 영향을 미쳤는지 사색해 보라. 예를 들면, 변화의 한 가지 사례는 미국 정부의 규모 확대다. 오늘날에는 정부의 정책 프로그램들이 현대인들의 무수한 생활 측면에 깊은 영향력을 행사할 뿐만 아니라 훨씬 큰 파급효과를 지닌다. 그렇게 편재(遍在)하는 세력, 즉 정부로부터 개개인은 더 이상 간섭을 받지 않으면서 유유자적할 수는 없을까? 소로의 주장들이 수사학적 설득력을 갖는 근거는 그가 선을 가장한 부정의에 진심으로 저항하고 있다는 점에 기인한다. 오늘날 독자들은 모두 노예제도의 사악함에 대해 소로와 의견을 같이할 테니 노예제를 유지하려는 정부의 악행에 저항하려는 국민세력의 운동을 무리 없이 수긍할 것이다. 그러나 만약 소로가 노예제나 침략전쟁을 지지하기 위해 국민저항운동을 펼쳤더라도 우리는 과연 동의할 수 있을까? 더욱이 몇몇 논제들은 위의 사례처럼 명백하게 선악이 구분되지 않는다. 예를 들면, 모든 전쟁이 반드시 나쁘다고 믿지는 않는다. 독재정권에 반대하는 전쟁은 지지할 수도 있다. 그 독재정권이 나치 독일이었을 때(최소한, 일단 미국이 독일의 동맹국인 일본에 의해 무력침공을 당한 뒤), 거의 모든 미국인들은 참전을 지지했다. 그러나 그 상대가 베트남 공산주의 정권이 되자, 미국인들의 지지는 일방적인 우세에서 벗어나 찬반양론으로 나뉘었다. 실제로 수많은 미국 국민들은 베트남 전쟁에 항의하고자 일정 형태의 시민불복종운동을 전개했다. 이러한 저항운동은 정당했는가? 소로가 내세운 원칙들이 그가 처했던 특수 상황들을 떠나서도 과연 여전히 설득력을 지니는지 잘 음미해 보기 바란다.

소로는 비획일성이나 비정합성의 가치에 대해 중요한 가르침을 제공하기도 한다. 그는 미국 정부가 자행하는 부정의들뿐만 아니라, 국민들의 비통일성과 정책반대에 대한 정부의 조급한 반응(아량 없음)도 몹시 걱정하면서, 수많은 문제점들이 발생하는 주된 이유는 정부가 파놓은 참호에 빠지거나 에워싸인 대다수 국민들이 다른 사람들의 정의로운 행동을 불가능하게 만들기 때문이라고 주장한다.

그는 이상국가에 대한 생각도 드러낸다. 그곳에서는 개개인이 정부의 간섭을 전혀 받지 않고 자유로이 선택적으로 활동할 수 있다. 이러한 사고방식은 국민권이 (의무사항이 아닌) 선택사항의 문제라는 가정에 근거하고 있다는 점을 명심해야 한다. 일부 사상가들은 이 같은 가정에 대해 의구심을 가져왔고, 그 근거는 바로 인간들은 태어나면서부터 그들이 통제하거나 변화시킬 수 없는 타인들과 일정한 관계를 맺게 된다는 사실이다. 그들의 주장에 따르면, 인민들은 자신들이 속한 세상이나 심지어는 해당 정부와도 단순히 결별할 수 없고, 자신들의 사상이나 감정뿐만 아니라 관련된 주변 사람들의 사상이나 감정에 대해서도 일정한 책임을 져야 한다. 그러나 소로는, 다른 여러 가지의 상호관련성에도 불구하고 결국에는 자신에 대해서만 책임이 있고, 자기를 사회나 정부로부터 독립된 인격체로 바라보아야 한다고 주장한다. 여러분은 이러한 극단적인 개인주의에 동의하는가?

다음 질문에 대해 간단히 서술하시오.(—부분은 참고만 할 것)

1. 소로는 사람들이 정부의 부정의에 참여해서는 안 되지만, 그렇다고 보다 정당한 세계를 만들기 위해 적극적으로 가담할 필요도 없다고 믿는다. 두 개념의 차이점은 무엇인가? 소로가 이 같은 도덕적 분별을 하는 이유는 무엇인가?

   — 소로는 부정의를 막지 못하는 것과 실제로 부정의를 야기시키는 것 사이에서 도덕적 차이점을 본다. 한 가지 예를 생각해 보자. 소로는 미국의 멕시코 침공이 부도덕하며 인적(군인)이나 물적(세금)으로 정부를 지원하는 미국인들은 공범이라고 주장한다. 그리고 한 걸음 더 나아가 침략행위에 책임을 다하기보다는 차라리 감옥을 가라고 말한다. 그러나 다른 나라가 멕시코를 침공했을 때 자신이 인질로 투옥되면 그 침략을 멈출 수 있다고 생각해 보자. 소로라면 이 경우에 감옥에 가는 것은 도덕적으로는 완벽하겠지만 그럴 필요는 없다고 주장할 것이다. 그는 감옥 밖에 있어야 할 다른 목적이나 목표가 적법하게 있을지도 모를 일이다. 필요한 수단을 이용해서 가능한 최상의 세계를 만들기 위해 노력하는 것이 그가 할 일은 아니다. 개인에게 요구될 만한 것이라고 해야 부정의로 손을 더럽히지 말라는 것이 전부다. 일단 이러한 요구사항이 충족되면 개인은 자기 삶을 어떻게 해야 할지 스스로 결정해야 한다. 이 구별은 개인이 어떤 삶을 살아

야 할지를 알려면 내면을 바라보아야 한다는 소로의 믿음에 뿌리를 두고 있다. 사람의 1차적 의무는 자신에게 진실해지는 것, 즉 고결하게 행동하고 자신의 도덕적 목표를 추구하는 것이다.

2 **소로의 시민불복종 개념은 민주주의 정부와 양립할 수 있는가? 만약 그렇다면, 그 이유를 밝혀라.**

— 시민불복종은 민주적인 정부와 다소 상충되지만 완전히 모순되는 것은 아니다. 그러나 민주주의와의 긴장상태는 아주 명백하다. 민주주의란 모든 사람이 다수가 원하는 것을 준수하겠다는 이해를 바탕으로 공동체가 법을 통과시킬 수 있을 때만 작동하기 때문이다. 소로는 개인이 원하지 않는 정책에 타협하거나 감내해야 한다는 생각을 전적으로 거부한다. 몇몇 개인의 경우에는 이것이 가능하겠지만 만약 소로의 접근방법을 일반화시킨다면 사회는 산산조각 날 것이다. 그렇지만 여전히 어떤 의미에서는 시민불복종과 민주주의는 양립할 수 있다. 첫째, 소로는 사람들이 부정의한 법의 존재를 단순히 부정하라고 주장하지는 않는다. 항의자들이 행위의 결과에 대헤 대가를 치러야 한 경우가 생길 수 있고, 그로 인해 사회는 기꺼이 정의로운 시민들을 모두 감옥에 가둘지를 결정하지 않으면 안 될 것이다. 그리고 만약 정부가 그렇게 한다면 선량한 사람들이 거할 유일한 장소는 감옥이다. 따라서 소로는 부정의한 법의 도덕적 권위는 인정하지 않지만(따라서 그것들을 위반하도록 촉구함), 법적인 권위는 받아들인다.(그러므로 투옥될 수도 있다는 것을 수긍함) 둘째, 소로의 원칙은 보편화되면 위험하지만, 부정의한 법만 위반한다면 훨씬 양호하다. 부정의한 법들은 보통 그 자체로 비민주적이기 때문이다. 그 같은 법들은 사람들의 공민권

을 박탈하거나 정당한 절차를 인정하지 않거나 일정 부류들의 주민들에게 부당한 부담을 안긴다. 민주제도가 민주적 원칙들을 위반하는 법들을 만들어낼 수 있다는 것은 역설적이다. 이러한 역설이 전체적인 민주과정을 훼손시키는지는 논란의 여지를 남긴다.

3. 부(富)와 소비에 대한 소로의 견해는 무엇인가? 왜 그는 부유한 사람들이 일반인들에 비해 시민불복종을 행사할 가능성이 훨씬 떨어진다고 보는가?

— 소로는 물질주의와 소비에 대해 아주 비판적이다. 사람들이 재물을 많이 가지면 삶을 어떻게 살 것인지가 아니라 어떻게 돈을 쓸지에 대해 관심을 쏟기 시작한다고 그는 주장한다. 그리고 부자들은 대다수 사람들보다 훨씬 많이 가졌으므로 시민불복종을 일으켰다가는 그만큼 많이 잃게 되기 때문이다. 게다가 돈을 벌려면 기존 제도와 영합해야 하므로 정부에 대해 비판적 입장을 취하기는 훨씬 더 어렵다. 부에 대한 소로의 신랄한 입장은 그 자신의 일부 가치를 반영하는데, 월든 호수에서 영위한 '소박한 삶'에서 아주 확실하게 볼 수 있다. 자연과 가까이하는 소박한 삶을 지지했던 소로는 이러한 생활방식이 개인주의와 독립독행에 가장 도움이 된다고 분명히 생각했다. 따라서 부유한 생활방식이 시민불복종과 양립할 수 없다고 믿을 뿐만 아니라 보다 보편적인 자신의 가치와도 상충되기 때문에 비난하고 있다.

4 소로라면 현대 사회의 정부 역할에 대해 어떻게 생각하겠는가? 특히, 현대 복지국가와 군사적 복합체계에 대해 숙고하라.

5. 소로는 "국민이 잠시 동안이거나 최소한이라도 양심을 입법자에게

완전히 양도해야만 하는가?"라고 묻는다. 여러분이라면 이 질문에 어떻게 답변하겠는가? 도덕적 문제점들에 대한 타협은 타인들과 더불어 살아가기 위한 필수요소인가?

6.   소로는 시민불복종에 대한 도덕적 필요성을 어떻게 정당화시키는가? 그는 자기 이론의 정당성을 입증하기 위해 어떤 이론들에 의존하는가?

7.   많은 지도자들(마하트마 간디, 마틴 루터 킹 주니어)은 정치운동의 지침으로 소로의 시민불복종 사상을 활용했다. 이러한 사상들의 활용사례는 소로의 정치회의주의와 일관성을 갖는가? 만약 조금이라도 소로의 사상이 정치행동주의의 맥락에서 가치가 있다면, 어느 부분인가? 이와 무관한 부분은 어디인가?

8.   소로의 글이 어떤 측면들에서 개인주의와 자립주의에 기초하고 있는가?

9.   소로는 인민들이 시민불복종을 해야 한다는 주장들을 당대의 시공간적 특수상황과 관련한 개인적 일화나 토론들과 결합시킨다. 이것은 수사학적으로 유용한 접근방법인가? 만일 그렇다면, 그 이유를 밝혀라.

10.   여러분은 사람들의 세계 개선능력에 관해 소로가 낙천적이라고 생각하는가, 아니면 염세적이라고 생각하는가?

다음 질문에 알맞은 답을 고르시오.

1. **노예제도에 대한 소로의 견해는?**

   A. 미국 경제를 감안한다면 노예제도는 필요악이다.

   B. 노예제도는 미국 헌법에서 보장되므로 유지해야 한다.

   C. 흑인들이 유전적으로 열등하기 때문에 노예제도는 도덕적으로 바람직하다.

   D. 노예제도는 도덕적인 죄악이므로 폐지되어야 한다.

2. **소로의 인생에서 1차적인 시민불복종 행위는 무엇이었는가?**

   A. 집회와 항의

   B. 납세 거부

   C. 공공재산 파괴

   D. 전부

3. **소로가 반대하지 않았던 정부의 활동은?**

   A. 관세 폐지

   B. 멕시코와의 전쟁

   C. 노예제도 보장

   D. 해당사항 없다.

4. **정부에 반대할 '권리'에 대한 소로의 의견은?**

   A. 정부의 권력은 최상이고 절대적이므로 혁명권은 결코 존재하지 않는다.

   B. 부정의에 대한 혁명권은 존재하며, 이 혁명은 현재의 미국 정부에 대해서는 수긍할 만한 것이다.

   C. 극단적인 부정의에 직면하면 혁명권은 존재하지만 미국은 이 묘

사에는 맞지 않는다.

D. 정부는 항상 악이므로 언제든 국가와 사회에 대해 반기를 들어야 할 의무가 있다.

5. **소로가 〈시민불복종〉을 저술한 곳은?**

A. 매사추세츠

B. 조지아

C. 잉글랜드

D. 뉴욕

6. **소로가 민주주의에서는 다수가 지배한다고 말한 이유는?**

A. 다수가 옳을 가능성이 크다.

B. 다수가 소수보다 강하다.

C. 다수의 욕망을 인정하는 것이 정부를 운영하는 공명정대한 방식이다.

D. 해당사항 없다.

7. **소로에 따르면 부정의에 관한 개인의 의무는 무엇인가?**

A. 모든 악을 제거하기 위해 노력해야 한다.

B. 사회를 개조하기 위해 정치운동을 시작해야 한다.

C. 잘못된 것에 대한 지지를 거부해야 한다.

D. 아무런 의무가 없다.

8. **소로의 견해에 따르면 부정의한 법들에 대응하는 타당한 방법은 무엇인가?**

A. 준수하는 데 만족해야 한다.

B. 법들을 개정하기 위해 노력해야 하지만 그때까지는 준수해야 한다.

C. 정치적으로 편리하다면 준수해야 한다.

D. 즉시 법을 어겨야 한다.

9. 시민불복종에 대한 개인적 희생을 최소화하기 위해 소로가 제시하는 방법이 아닌 것은?

A. 개인 재산을 축적하지 말 것

B. 자급자족할 것

C. 중요한 정치적 인맥을 쌓을 것

D. 자신 속에서 살 것

10. 소로는 노예폐지론자들에게 어떤 일을 하라고 요구하는가?

A. 납세 등, 어떤 식으로든 매사추세츠 정부를 돕는 일을 중단할 것

B. 의회에 노예제도 반대청원의 수를 늘릴 것

C. 노예제도를 반대하는 입후보자를 위해 운동할 것

D. 노예주들을 설득해 그들의 생활방식을 바꾸게 만들 선교사들을 남부로 파견할 것

11. 정직한 개인이 되어야 할 필요성과 책임 있는 시민이 되어야 할 필요성 가운데 소로가 더 중요하게 생각한 것은?

A. 개인이 될 필요성도 시민이 될 필요성도 그리 중요하지 않다.

B. 개인이 될 필요성과 시민이 될 필요성이 똑같이 중요하며, 환경에 따라 균형을 이루어야 한다.

C. 먼저 시민이 되어야 하고, 그 다음이 개인이다.

D. 먼저 개인이 되어야 하고, 그 다음이 시민이다.

12. 소로는 정부에 대한 은유로 무엇을 사용하고 있는가?

A. 배

B. 기계

C. 기차

D. 등대

13. 소로가 수필에서 비난한 정치가는?

A. 토머스 제퍼슨

B. 존 C. 칼훈

C. 애이브러햄 링컨

D. 다니엘 웹스터

14. 소로가 감옥에서 하룻밤을 보내고 배웠다는 것은 무엇인가?

A. 그가 살았던 마을에 대해 새로운 시각을 갖게 되었다.

B. 미국이 결국 허약하다는 것을 깨달았다.

C. 이웃들이 호시절의 친구에 불과했다는 것을 깨달았다.

D. 전부

15. 다른 사람의 어깨 위에 앉지 않겠다고 했던 소로의 말이 지닌 뜻은 무엇인가?

A. 불평등을 지지하지 않겠다는 것

B. 다른 사람을 겨냥한 부정의에서 혜택을 입지 않겠다는 것

C. 전통적인 문학을 읽지 않겠다는 것

D. 서커스 공연을 하지 않겠다는 것

16. 소로가 정치가들을 짜증스러워하는 이유는?

A. 정치제도를 비판적으로 보지 못한다.

B. 입법에 천재적 재능을 지닌 미국인이 없었다.

C. 세계는 정책과 편의성으로 통치되지 않는다는 것을 잊고 있다.

D. 전부

17. 소로의 명성을 알린 또 다른 작품은?

A. 〈월든〉

B. 〈공리주의〉

C. 〈독립독행〉

D. 〈연방주의자 논문집〉

18. 소로가 〈시민불복종〉을 출간한 해는?

A. 1780년

B. 1873년

C. 1849년

D. 1900년

19. 소로가 이 수필에서 인용한 철학자는?

A. 임마누엘 칸트

B. 공자

C. 토머스 홉스

D. 랠프 왈도 에머슨

20. 소로와 가장 밀접한 관련이 있는 철학은?

A. 초월주의

B. 공리주의

C. 경험주의

D. 청교도주의

21. 이 글의 끝부분에서 소로가 상상한 국가의 종류는?

A. 소로의 가치를 따르도록 강요하는 국가

B. 개인을 존중하고 더 나아가 사람들이 국가로부터 독립해서 살아
   갈 수 있도록 내버려 두는 국가

C. 사회정의를 조장하기 위해 정부의 힘을 증대하는 국가

D. '명백한 운명'의 일부로서 미국 영토를 확장시키려는 국가

22. 〈시민불복종〉에서 소로는 정부에 대한 그의 태도를 어떻게 묘사하

고 있는가?

A. 법률을 준수하기 위한 이유들을 찾는다.

B. 정부는 그와 많은 관계가 없다.

C. 정부에 대해 생각하는 것을 회피한다.

D. 전부

23. 소로가 법을 준수하기보다는 어기는 쪽이 손해가 덜하다고 말하는 이유는?

A. 그는 부정의한 국가에서 부자가 된다면 수치스러울 것이다.

B. 그는 〈시민불복종〉 집필 수입으로 한몫 잡을 것이다.

C. 그가 법을 어긴다고 해도 삶의 질에는 심대한 타격이 없다.

D. 그는 납세거부로 큰돈을 절약한다.

24. 소로의 글에서 가장 커다란 영향을 받은 지도자는?

A. 맬컴 엑스

B. 조지프 스탈린

C. 리처드 닉슨

D. 마하트마 간디

25. 소로가 투표에 가치를 두지 않는 이유는?

A. 모든 선거가 타락했다.

B. 절대적인 지배자를 가진 나라가 잘살 것이다.

C. 투표는 정의를 다수결이란 요행수에 맡긴다.

D. 해당사항 없다.

정답

1. D 2. B 3. A 4. B 5. A 6. B 7. C 8. D 9. C 10. A

11. D 12. B 13. D 14. D 15. B 16. D 17. A 18. C 19. B 20. A

21. B 22. D 23. A 24. D 25. C

一以貫之 논술 노트

불의에 저항하는 개인의 존엄성과 권리에 대한 선언　○

실전 연습문제　○

一以貫之는 '논어'에 나오는 말로 '모든 것을 하나의 이치로 꿴다'는 뜻입니다.

논술의 주제와 문제 유형, 제시문들은 참으로 다양하고 가지각색입니다. 그러나 그 모든 것을 하나로 꿸 수 있습니다. '인간사회의 보편적 문제들에 대한 근원적인 물음에 답하는 자기 나름의 견해'라는 것이지요. 논술은 인간이면 누구나 부닥치는 개인적 또는 사회적 문제들에 대한 자기 나름의 고민이자 성찰입니다. 논술은 자기견해, 자기 가치관, 자기 삶에 대한 솔직한 고백입니다.

一以貫之 논술연구모임은 '자신의 물음'과 '자신의 생각'을 갖고 '자신의 글'을 쓸 수 있도록 도와줍니다.

〈집필진〉
김재년, 이호곤, 우한기, 박규현, 김법성, 김병학, 도승활, 백일, 우효기, 조형진

불의에 저항하는 개인의
존엄성과 권리에 대한 선언

▌ 왜 불복종하는가?

〈시민불복종〉으로 알려진 소로의 글은 사실 원래 제목이 〈시민 정부에 대한 저항〉이었다. '불복종'과 '저항'이란 낱말은 누군가에게는 매우 불쾌하고 위험해서 감히 실행을 꿈꿔서는 안 되는 것이다. 특히 기존의 권위나 권력, 가치관, 질서 등을 유지하고자 하는 사람들에게는 이 말들이 본능적 불안감과 불쾌감을 느끼게 한다. 그들은 불복종과 저항을 금기시하거나 탄압과 억압, 처벌 등을 주장하고, 실제로 그렇게 행하는 경우가 많다. 따라서 불복종을 실행에 옮기는 것은 상당한 희생과 용기가 필요하다. 그럼에도 불구하고 왜 수많은 사람들이 불복종으로 저항하는 것일까? 그리고 왜 현대에 와서는 대다수 법치국가가 시민불복종운동을 성숙한 민주적 정치문화와 정상적인 정치행위의 한 요소로 간주하는 것일까?

소로의 말을 들어보자.

우리는 먼저 인간이어야 하고, 그 다음에 국민이어야 한다고 나는 생각한다. 법에 대한 존경심보다는 먼저 정의에 대한 존경심을 기르는 것이 바람직하다. 내가 떠맡을 권리가 있는 유일한 책무는 어떤 때이고 간에 내가 옳다고 생각하는 바를 행하는 일이다. 단체에는 양심이 없다고 하는데, 참으로 옳은 말이다. 그러나 양심적인 사람들이 모인 단체는 양심을 가진 단체이다. 법이 사람들을 조금이라도 더 정의로운 인간으로 만든 적은 없다. 오히려 법에 대한 존경심 때문에 선량한 사람들조차도 매일매일 불의의 하수인이 되고 있다.

이와 같이 정부는 한 인간의 지성이나 양심을 상대하려는 의도는 결코 보이지 않고 오직 그의 육체, 그의 감각만을 상대하려고 한다. 정부는 뛰어난 지능이나 정직성이 아닌 강력한 물리적 힘으로 무장하고 있다. 나는 누구에게 강요받기 위해 이 세상에 태어난 것은 아니다. 나는 내 방식대로 숨을 쉬고, 내 방식대로 살아갈 것이다. 누가 더 강한지는 두고 보도록 하자.

다수가 가진 힘은 어떤 힘인가? 내가 지키는 법보다 더 숭고한 법을 지키는 사람들만이 뭔가를 강요할 수도 있다. 이 사람들은 내게 자신들과 같은 사람이 되라고 강요한다. 나는 참다운 인간들이 군중의 강요를 받아 이렇게 또는 저렇게 살았다는 말을 들은 적이 없다. 그런 식의 삶이 도대체 어떻겠는가?

"돈을 내놓든지 아니면 목숨을 내놓아라"고 말하는 정부를 만났을 때 내가 왜 황급히 돈을 내야 한단 말인가? 정부는 대단한 곤경에 빠져 어찌할 바를 모르고 있는지도 모른다. 그러나 내가 정부를 도와줄 수는 없다. 내가 나 자신의 일을 처리해나가듯 정부도 스스로의 일을 처리해나가야 한다. 곤경에 빠졌다고 해서 훌쩍훌쩍 울어봐야 아무 소용이 없다. 사회라는 기계가 잘 돌아가도록 하는 것은 내 책임이 아니다. 나는 기술자의 아들이 아닌 것이다. 한 알의 도토리와 한 알의 밤이 나란히 땅에 떨어졌을 때 한쪽이 잘 자라도록 다른 쪽이 양보하여 성장을 멈추고 있는 것을 나는 본 적이 없다. 둘 다 각자의 법칙에 따라 싹이 트고 자라서 커질 만큼 커지다가 어느 한 나무가 다른 나무를 그늘로 가려 죽게 만들고야 말리라. 식물은 천성에 따라 살지 못하면 죽게 된다. 사람도 마찬가지다.

소로는 우리가 불복종하는 이유를 '인간답게 살기 위해서'라고 분명히 말하고 있다. 인간답게 산다는 것은 '어떤 때이고 간에 내가 옳다고 생각하는 일을 행하며' 양심적이고 정의로운 인간으로 사는 것이다. 동시에 '외부의 어떤 강요도 받지 않고 자기 방식대로 살아가는 것', 즉 자신이 자기 삶의 주인으로 살아가는 것이다. 우리 모두는 인간답게 살 권리와 함께 더불어 사는 사람들의 인간다운 삶을 위한 책무를 동시에 지니고 있다. 그것이 '시민불복종'의 진정한 이유이자 목적이다. 소로는 다음과 같이 말한다.

한 인간의 의무가 어떤 악(비록 엄청난 악일지라도)을 근절하는 데 자신의 몸을 바치는 것이라고는 물론 말할 수 없다. 그밖에도 그는 다른 할일들이 있고, 그것들을 추구할 온당한 권리가 있다. 그러나 최소한 그 악과 관계를 끊을 의무, 그리고 비록 더 이상 그 악에 관심을 기울이지 않더라도 그 악을 실질적으로 지원하는 일이 없도록 할 의무가 있다. 만약 내가 다른 사업이나 계획에 전념하고 있더라도, 우선은 최소한 내가 다른 사람의 어깨 위에 앉아 그 일을 하고 있는 것은 아닌지 살펴야 한다. 만약 그렇다면 그 사람 역시 그의 계획을 추진할 수 있도록 먼저 그 사람의 어깨에서 내려와야 한다.

불복종과 복종은 동전의 양면과 같다. 우리가 무엇에 대해 저항하고 불복종하는 것은 상대를 거꾸러뜨려 복종시키는 것 자체가 목적이 아니어야 한다. 일반적으로 소수의 사람들이 불복종과 저항에 나서는 것은 더 큰 대의나 양심과 도덕적 의무 등에 복종하기 위해서인 경우가 많다. 또한 다수의 대중이 불복종과 저항에 나서는 것은 부당한 법과 제도, 정책 등에 의해 자신의 존재 의미나 권익이 심각하게 침해받았을 경우가 대부분이다. 불복종의 원인이자 목적은 자신의 양심을 지키며 개성과 자유를 꽃피우고 인간적 존엄성을 유지함과 동시에 타인이 그렇게 할 수 있도록 돕는 인간다운 길에 대한 복종이 되어야 한다. 역사적으로 보면 인류에게 가장 끔찍한 재앙들—두 차례의 세계대전, 나치스의 대량학살, 미국의 흑인 노예제 따위—은 불복종이 아니라 복종에서 비롯된 결과였다. 우리들 중 다수가 인간다운 길에 대한 복종을 포기하고 비인간적인 권력과 제도, 정책에 복종할 때 자신과 이웃은 물론이고 우리의 후손들까지 더 크고 무서운 재앙을 당한다는 점을 잊지 말아야 할 것이다.

▌무엇에 불복종하는가?

국가의 권위에 대한 불복종

앞서 말한 대로 자의든 타의든 부당한 힘에 대한 복종은 노예의 길이요, 불복종은 자유와 인간의 길이다. 그런데 우리에게 복종을 강요하는 부당한 힘의 대표적인 경우가 법과 제도, 정책 등을 통해 특정 정부가 휘두르는 국가권력이다. 〈시민불복종〉 역시 소로가 당시 '노예제'를 유지하고 '멕시코 침략전쟁'을 수행하는 정부를 자신의 정부로 인정할 수 없다며 세금을 내지 않고 감옥에 갇혔던 경험을 바탕으로 쓴 글이다. 그래서 그가 염두에 둔 불복종의 대상도 주로 부당한 국가권력, 정부, 법, 제도, 정책 등이었다. 그는 〈시민불복종〉의 처음과 마지막에서 정부에 대한 생각을 다음과 같이 밝히고 있다.

　　나는 '가장 좋은 정부는 가장 적게 다스리는 정부'라는 표어를 진심으로 받아들이며 그것이 하루 빨리 조직적으로 실현되기를 바라마지 않는다. 이 말은 결국 '가장 좋은 정부는 전혀 다스리지 않는 정부'라는 데까지 이르게 되는데, 이 말 또한 믿는다. 사람들이 준비가 되었을 때, 갖게 될 정부는 바로 그런 종류의 정부일 것이다. 정부는 기껏해야 하나의 편법에 지나지 않는다. 그러나 대부분의 정부가 거의 언제나 불편한 존재이고, 모든 정부가 때로는 불편한 존재이다.

　　엄정하게 말하면, 정부는 피통치자의 허락과 동의를 받아야 한다. 정부는 내가 허용한 부분 이외에는 나의 신체나 재산에 대해 순수한 권리를 가질 수 없다. 전제군주제에서 입헌군주제로, 입헌군주제에서 민주주의로 진보한 것은 개인에 대한 진정한 존중을 향해 온 진보이다. 중국의 철인조차도 개인을 제국의 근본으로 볼 만큼 현명했다.

　　우리가 알고 있는 민주주의가 정부가 도달할 수 있는 마지막

진보의 단계일까? 인간의 권리를 인정하고 조직화하는 방향으로 한 걸음 더 나아갈 수는 없을까? 국가가 개인을 보다 커다란 독립된 힘으로 보고 국가의 권력과 권위는 이러한 개인의 힘으로부터 나온 것임을 인정하고, 이에 걸맞은 대접을 해줄 때까지는 진정으로 자유롭고 개화된 국가는 나올 수 없다.

나는 마침내 모든 사람을 공정하게 대하고 개인을 한 이웃으로 존경할 수 있는 국가를 상상하는 즐거움을 가져본다. 그런 국가는, 일부 소수의 사람들이 국가에 대해 초연하며 참견하지도 않고 국가의 간섭을 받지 않고 살더라도 이웃과 동포에 대한 의무를 다하는 한 그들을 국가의 안녕을 해치는 자들이라고 생각하지는 않을 것이다. 이러한 열매를 맺고 또 이 열매가 익는 대로 떨어지게 허락하는 국가는, 그보다 더 완전하고 영광스러운 국가, 내가 상상만 했지 결코 보지는 못한 국가가 탄생하도록 길을 열어줄 것이다.

소로에게 정부는 의심스러운 것 또는 불신의 대상이며 불편한 존재다. 사실, 국가권력을 신성시하고 절대 복종을 강요하는 것은 기본적으로 전근대적인 태도다. 봉건군주는 자신의 권력을 신으로부터 부여받은 것으로 여기지만 민주국가의 수반은 국민으로부터 권력을 부여받았다고 생각한다. 그래서 민주주의는 인간에 대한 믿음과 불신에 함께 기초하고 있다고 할 수 있다. 권리를 가진 국민 누구라도 권

력의 자리에 올라 책임을 맡고 정책과 제도를 만들 수 있도
록 한 것은 신뢰에 기초한다. 그러나 그가 아무리 좋은 사
람이라도 권력남용의 가능성이 있다고 보고, 투명하고 합리
적인 절차와 감시, 비판, 견제 등으로부터 자유롭지 않게 만
들어두고 있는 점은 불신에 기초하고 있다. 국가 그 자체나
국가를 대표하는 사람이 바로 양심과 정의일 수는 없다. 따
라서 비판과 성찰의 대상이 되어야 할 의심스러운 것이 근
대 민주주의의 기본정신이다.

그러므로 근대 시민사회로 진입하면서 국가권력은 시
민 위에 절대적으로 군림하는 것이 불가능해졌다. 특히 시
민혁명으로 봉건군주가 다스리는 절대왕정국가를 무너뜨
리고 근대 국가를 형성해 온 서유럽 사회는 개인의 권리를
위해 국가권력과 지난한 싸움의 과정이 있었다. 이와 달리
일본 제국주의의 식민지시대를 거쳐 곧장 근대 국가를 형
성한 우리 사회는 전체와 집단을 대표하는 사람들의 권위
에 대한 복종이 자연스러운 일이고, 불복종은 불경스럽고
불손한 것으로 여겨지는 경우가 많다. 더구나 과거 독재정
권은 국가권력이나 이를 대표하는 정부와 공공기관들, 국가
를 나타내는 여러 상징물에 대한 무조건적인 충성과 복종
을 강요했다. 권위주의적인 정권은 무너졌고 이전에 비할
바 없이 개인의 인권이 향상되었지만 오랫동안 형성되어온
관행과 문화는 쉽게 바뀌지 않고 있다. 아직도 '양심적 병

역거부'를 허용하지 않는 '병역법'이나 사상과 양심의 자유를 제한하는 '국가보안법', 그리고 노동자들의 기본권을 제한하는 각종 '노동관계법'과 '집회 및 시위에 관한 법' 등에 대한 논란이 이런 문제와 연관이 있다.

다수에 대한 불복종

또한 소로가 불복종의 대상으로 삼았던 것은 부당한 힘에 대한 다수의 복종과 방관자적 태도였다. 사실, 민주적인 집단에서는 다수의 결정에 따르는 것을 중요한 운영원리의 하나로 삼고 있는 경우가 대부분이기 때문에 그 결정에 불복종하기는 쉽지 않다. 그러나 다수가 바로 정의와 양심, 진리를 확정하는 것이 아닌 것도 분명하다.

권력이 일단 국민의 손에 들어왔을 때 다수의 지배가 허용되고 오랜 기간 지속되는 실제적인 이유는 그들이 옳을 가능성이 크거나 그것이 소수자들에게 가장 공정한 것처럼 보이기 때문이 아니라 단지 그들이 가장 힘이 세기 때문이다.

나는 때때로 이런 생각을 한다. '사실 이 사람들은 선량해. 단지 깨닫지 못하고 있을 뿐이지. 방법만 안다면 더 잘할 거야. 왜 이웃들에게 너를 본의 아니게 다루도록 하는 괴로움을 주지?' 그러나 나는 또 이런 생각도 하게 된다. '하지만 그렇다고 해서 그 사람들이 하는 대로 나도 따라서 해야 하거나, 또는 다른 사람들로 하여금 다른 종류의 더 큰 고통을 받게 내버려두어야 하는 이유가 되지는 못해.'

그러다가 나는 스스로 이렇게 말하기도 한다. '수백만이나 되는 사람들이 화가 나서도 아니고 악의가 있어서도 아니고 또 어떤 개인적인 감정이 있어서도 아닌 상태에서 너에게 단지 몇 실링의 돈을 요구하는 것뿐인데, 그리고 그들이 그 요구를 철회하거나 변경할 가능성도 없고(그것이 그들 법률의 특성이다). 또 네 쪽에서 다른 수백만의 사람들에게 호소할 가능성도 없는데, 왜 너는 압도적인 야수 같은 힘과 대립하려 드느냐? 너는 추위나 굶주림, 바람이나 파도에 대해서는 이처럼 완강하게 저항하지 않는다. 너는 그와 비슷한 무수히 많은 불가항력에 대해서는 조용히 순응하고 있다. 너는 불길 속에 머리를 들이밀지는 않는다.'

그러나 내가 이것을 순전히 야수의 힘으로 생각하지 않고 부분적으로는 인간의 힘이라고 생각하는 만큼, 또 이 수백만과의 관계를 수백만 짐승이나 무생물과의 관계가 아니라 그 숫자만큼의 인간들과의 관계로 생각하는 만큼, 나는 호소가 가능하다고 생각한다. 즉, 우선 그들로부터 그들을 창조한 이에게, 다음에는 그들로부터 그들 자신에게 호소하는 것이 가능하다고 말이다. 그러나 내가 내 머리를 불 속에 집어넣는다면 불이나 불을 창조한 이에게 호소할 수는 없으며 오직 나 자신만을 나무랄 수밖에 없다.

내가 만일 사람들의 현재 모습에 만족하고 그에 따라 그들을 대하며, 그들과 내가 마땅히 어떠어떠해야 된다는 나의 요구나 기대에 따라 그들을 대하지 않아도 되는 권리가 내게 있다는 것을 나 자신에게 설득시킬 수 있다면, 나는 선량한 회교도나 운명론자처럼 모든 것에 대해 있는 그대로 만족하도록 노력하고 그것이 하나님의 뜻이라고 말할 것이다.

그리고 무엇보다도 정부의 힘에 저항하는 것과 순전한 야수적 힘이나 자연의 힘에 대항하는 것에는 다음과 같은 차이가 있다. 즉, 정부의 힘에 저항해서는 어느 정도의 효과를 거둘 수 있다는 것이다. 그러나 나는 오르페우스*처럼 바위나 나무나 짐승의 본성을 변화시키기를 기대할 수는 없다.

* 오르페우스(Orpheus): 그리스 신화에 등장하는 악사(樂士). 그가 하프를 연주하면 폭풍이 잔잔해지고, 목석(木石)이 춤을 추었으며, 맹수가 얌전해졌다고 함.

여기서 알 수 있듯 소로는 부당한 다수가 힘이 강해서 오래 지속될 수는 있지만 그것이 자연의 힘처럼 극복 불가능한 것은 아니라고 본다. 인간들과의 관계는 호소가 가능하고, 그래서 변화가 가능하다고 보는 것. 사실 다수가 소수가 되고 소수가 다수가 될 수 있는 가능성이 막혀 있는 사회는 민주적인 사회라고 볼 수 없다. 따라서 우리는 시민불복종을 성숙한 민주사회의 필수 요소로 가지고 있어야 한다.

민주국가에서는 다수결에 따르면서도 그 다수의 힘으로도 무시하거나 제한할 수 없는 소수파의 권리를 헌법으로 보장한다. 소수파가 다수파가 되기 위한 활동인 언론·출판·집회·시위·결사의 자유는 물론이고, 개인의 존엄성에 대한 마지막 보루로서 사상과 양심의 자유, 기본적 생존에 대한 권리 등이 모두 그러한 것들이다. 민주주의의 기본 정신은 다른 의견을 가진 사람들이 서로의 인간적 권리를 존중하면서 집단을 운영하고 부닥치는 문제를 해결하는 것이다. 다수결도 이 기본 정신을 구현하거나 전제로 하면서 실행되어야 한다. 오늘날 비정규직 노동자, 장애인, 노약자, 동성애자 등 사회적 약자나 소수자의 권리가 얼마나 보장되는가가 그 사회의 인간다운 삶의 질을 측정하는 중요한 기준이 되는 이유가 바로 여기에 있다.

국가와 다수가 절대불변의 진리가 아닌 한, 그것은 비판과 성찰의 대상이 되어야 한다. 또한 국가와 다수가 인간관계의 산물인 한, 우리 힘으로 변화시킬 수 있는 것이란 믿음을 포기해서는 안 된다. 바로 이러한 것이 소로가 〈시민불복종〉에서 말하고 있는 가장 중요한 메시지 중의 하나다. 그것이 일찍이 소크라테스가 독배를 마신 진정한 이유였고, 모든 기성의 권위와 권력에 저항하며 인류의 앞길을 밝힌 선각자들이 공유한 신념이었으며, 오늘날과 먼 미래에도 변함없이 전달되어야 할 메시지다.

어떻게 불복종하는가?

국가와 법이 그 존립목적을 잃어버리거나 정의를 실현하지 못할 때, 불복종하는 것이 우리의 권리요 책무라고 소로는 말한다. 그러나 정작 그가 말하는 바를 실행에 옮기려면 많은 난관이 있기 때문에 그는 불굴의 정신과 직접적인 행동을 통해 앎과 삶을 일치시키면서 문제를 회피하거나 그 문제에 굴복하지 않을 것을 강조한다.

불의에 대한 항거는 불굴의 정신을 필요로 한다

앞에서도 살펴보았듯이 소로는 "나는 누구에게 강요받기 위해 이 세상에 태어난 것은 아니다. 나는 내 방식대로 숨을 쉬고 내 방식대로 살아갈 것이다. 누가 더 강한지는 두고 보도록 하자"고 말한다. '누가 더 강한지는 두고 보자'는 말은 '절대로 나는 지지 않을 것'이란 불굴의 정신을 나타낸다. 손자병법에도 나와 있지만 '싸움은 상대가 결국 졌다고 해야, 즉 상대가 저주어야 끝나는 것'이다. 불의에 대한 불굴의 정신을 가진 사람은 그 수의 많고 적음을 떠나 존재 자체로 불의와 그 불의에 복종하고 있는 다수에게 영향을 미치지 않을 수 없다.

　우리는 입버릇처럼 대중은 아직 멀었다고 말한다. 그러나 발전이 느린 진짜 이유는 그 소수마저도 다수의 대중보다 실질적으로 더 현명하거나 훌륭하지 않기 때문이다. 많은 사람들이 당신처럼 선하게 되는 것이 중요한 일은 아니다. 그보다는 단 몇 사람이라도 '절대적으로 선한 사람'이 어디엔가 있다는 것이 더 중요하다. 왜냐하면 그 사람들이 전체를 발효시킬 효모이기 때문이다.

　사람 하나라도 부당하게 가두는 정부 밑에서 의로운 사람이 진정 있을 곳은 역시 감옥이다. 매사추세츠 주가 보다 자유분방하고 풀이 덜 죽은 사람들을 위해 마련해 놓은 유일한 장소, 또 현시점에서 가장 떳떳한 장소는 감옥이다. 주는 법령에 의해 그곳에 그 사람들을 몰아가두었지만, 그들은 이미 자신들의 원칙에 따라 스스로를 추방했던 것이다. 도망노예이든 가석방된 멕시코인 죄수이든 자기네 종족이 당하는 억울함을 호소하기 위해서 온 인디언이든 그 사람들을 만날 수 있는 곳은 감옥이다. 격리되어 있으나 실은 더 자유롭고 더 명예스러운 곳, 매사추세츠 주가 자기에게 동조하지 않고 반대하는 사람들을 가두는 곳, 노예의 나라에서 자유인이 명예롭게 기거할 수 있는 유일한 집이 감옥인 것이다. 감옥 안에서 그들의 영향력이 상실되고, 그들의 목소리가 더 이상 정부를 괴롭히지 못하며, 그들이 그곳의 담장 안에서는 더 이상 정부의 적이 되지 못하리라고 생각한다면, 그 사람들은 진리가 오류보다 얼마나 더 강한가를 모르는 것이요, 감옥 안에서 불의를 직접 겪어본 사람이 얼마나 더 큰 설득력을 가지고 효과적으로 싸울 수 있는가를 모르는 것이다.

당신의 온몸으로 투표하라. 단지 한 조각의 종이가 아니라 당신의 영향력 전부를 던져라. 소수가 무력한 것은 다수에게 다소곳이 순응하고 있을 때다. 그때는 이미 소수라고 할 수도 없다. 그러나 소수가 전력을 다해 막을 때, 거역할 수 없는 힘을 갖게 된다. 의로운 사람들을 모두 감옥에 잡아 가두든가, 아니면 전쟁과 노예제도를 포기하든가 양자택일을 해야 한다면, 주 정부는 어떤 길을 택할지 주저하지 않을 것이다.

나는 주 정부가 나를 가두는 것이 결국은 최상책이란 결론을 내리면서도 어떤 식으로든 나를 이용하려고 생각하지 않는 점이 오히려 이상하기만 했다. 나와 읍 주민들 사이에는 돌벽이 있었지만, 그 사람들이 나만큼 자유롭게 되려면 그보다 훨씬 더 단단한 벽을 넘거나 부숴야만 한다는 것을 나는 깨달았다.

나는 잠시라도 갇혀 있다는 느낌이 들지 않았다. 그래서 그 벽은 돌과 회반죽을 공연히 낭비한 것처럼 생각되었다. 나는 우리 읍 사람들 중 오직 나만이 세금을 낸 것 같은 기분이 들었다. 주 정부 사람들은 분명히 나를 다루는 방법을 몰랐고, 마치 배우지 못한 사람들처럼 행동했다. 협박을 하든 아첨을 하든, 그들의 행동은 실수투성이였다. 왜냐하면 그들은 나의 가장 큰 소망이 감옥의 돌벽 밖으로 나가는 것이라고 생각했기 때문이다.

그들이 나의 명상의 문에 열심히 자물쇠를 잠그는 것을 보고 나는 실소를 금할 수 없었다. 나는 명상의 허가나 방해를 받지 않으며 그 사람들을 따라 밖으로 다시 나갔는데 나의 명상이야말로 정말 위험한 존재였던 것이다. 나를 어떻게 할 수 없게 되자 그들은 나의 육신을 처벌하기로 결심한 모양이었다. 마치 어떤 소년이 앙심을 품은 사람을 때리기에는 역부족인 경우 대신 그 사람의 개를 패듯이.

공자는 "삼군의 장수를 빼앗을 수는 있어도 한 사나이의 뜻은 빼앗을 수가 없다"*(논어 '자한' 편 25장)고 했다. 논어집주의 주석에는 "삼군의 용맹은 남에게 달려 있고 필부의 뜻은 자신에게 있으므로 장수는 빼앗을 수 있으나 필부의 뜻은 빼앗을 수 없는 것이니, 만약 빼앗을 수 있다면 그것은 또한 뜻이라고 말할 수 없다"라고 나온다. 불복종에 나선 사람들뿐만 아니라 한 사람이 자신의 방식대로 삶을 살아가는 데 필요한 최대의 무기는 바로 불굴의 의지와 뜻, 즉 강인한 정신이다.

* 子曰 三軍可奪帥也, 匹夫不可奪志也. 〈子罕〉
자왈 삼군(은)가탈수야(어니와), 필부(는)불가탈지야(니라).

三軍: 1군은 12,500명. 대군(大軍)을 뜻한다.

匹夫: 보통 사내.

국민의 불복종은 직접적이고 즉각적인 행동을 필요로 한다. 소로는 불복종을 위해서는 직접적인 행동이 필요하다고 강조한다. 그리고 당장에 행동할 것도 주장한다.

허다한 사람들이 노예제도와 멕시코 전쟁에 반대한다는 소신을 가지고 있다. 그러나 그들은 실질적으로 그것들을 종식시키기 위해 하는 일이 아무것도 없다. 그들은 조지 워싱턴과 벤저민 프랭클린의 자손들이라고 자처하면서도 호주머니에 손을 넣은 채로 가만히 앉아 무엇을 해야 할지 모르겠다며, 또 실제로 아무 일도 하지 않고 있다. 심지어 그들은 자유의 문제마저 자유무역 문제의 뒷전으로 미뤄버리고, 저녁을 먹은 다음에는 차분히 당일의 물품시세표와 멕시코로부터 온 최근의 전쟁소식을 읽다가는 필시 그것들 위에 엎드려 잠이나 자고 마는 것이다. 오늘날 정직한 애국자의 시세는 얼마인가? 사람들은 망설이고 후회하는가 하면 때로는 탄원서를 내기도 한다. 그러나 진지하게 추진해서 효과를 거둘 정도의 일은 하지 않는다.

그들은 남들이 악을 몰아내 더 이상 자신이 그 문제로 고민하지 않게 되기를 호의적인 자세로 기다린다. 기껏해야 선거 때 값싼 표 하나를 던져주고, 정의가 그들 옆을 지나갈 때 허약한 안색으로 성공을 빌 뿐이다. 덕을 찬양하는 사람이 999명이라면 진짜 덕인은 한 사람뿐이다. 그러나 어떤 물건을 잠시 보관하는 사람과 거래하기보다는 그 물건의 실제 주인과 거래하는 것이 더 낫다.

사람이 어떻게 단순히 어떤 의견을 갖는 것만으로 만족하고 그 의견을 즐길 수 있겠는가? 만약 자신의 의견이 부당한 대우를 받고 있다면 그 의견에 무슨 즐거움이 있겠는가? 만일 이웃 사람에게 단 1달러라도 사기를 당했다면 당신은 그 사실을 아는 것만으로, 또는 사기를 당했다고 말하는 것만으로, 또는 그 사람에게 돈을 돌려달라고 사정하는 것만으로 만족하지는 않을 것이다. 당신은 즉시 그 돈을 모두 돌려받기 위한 효과적인 수단을 쓸 것이고, 다시는 사기당하지 않도록 주의할 것이다.

원칙에 따른 행동, 즉 정의를 알고 실천하는 것은 사물을 변회시키고 관계를 변화시킨다. 그것은 본질적으로 혁명적이며 과거에 있던 것들과는 완전히 다르다. 그것은 국가와 교회를 갈라놓고 가족을 갈라놓는다. 심지어는 한 개인조차도 갈라놓는다. 즉 한 개인 속에 있는 '악마적인 요소'와 '신적인 요소'를 분리시키는 것이다.

불의의 법들이 존재한다. 우리는 그것을 준수하는 데 만족할 것인가, 아니면 그 법을 개정하려고 노력하면서 개정에 성공할 때까지는 그 법을 준수할 것인가, 아니면 당장에라도 그 법을 어길 것인가?

사람들은 일반적으로 지금과 같은 정부 밑에서는 다수를 설득시켜 법을 개정시킬 수 있을 때까지는 기다려야 한다고 생각한다. 그들은 만약 저항한다면 치료가 병보다 더 나쁠 것이라고 생각한다.

그러나 치료가 병보다 더 나쁜 것은 정부의 잘못이다. 정부가 치료를 더 나쁜 것으로 만드는 것이다. 왜 정부는 좀더 앞을 내다보고 개혁에 대한 준비를 하지 않는가? 왜 정부는 현명한 소수를 소중히 여기지 않는가? 왜 정부는 상처도 입기 전에 야단법석을 떨며 막으려 드는가? 왜 정부는 국민들로 하여금 방심하지 않고 항상 정부의 잘못을 지적하며 정부가 기대하는 이상으로 잘하도록 격려하지 않는가? 왜 정부는 항상 예수를 십자가에 매달며, 코페르니쿠스와 루터를 파문하고, 조지 워싱턴과 프랭클린을 반역자라 부르는가?

그러나 이 불의가 당신으로 하여금 다른 사람에게 불의를 행하는 하수인이 되라고 요구한다면, 분명히 말하건대, 그 법을 어겨라. 당신의 생명이 그 기계를 멈추는 역마찰이 되도록 해라. 내가 해야 할 일은, 내가 극력 비난하는 해악에 나 자신을 빌려주는 일은 어쨌든 없도록 하는 것이다. 악을 치료하기 위해 정부가 마련한 방법을 받아들이자는 얘기가 있는데, 나는 그런 방법들을 알지 못한다. 그런 방법들은 시간이 너무 오래 걸린다.

그전에 사람의 목숨이 끝날 것이다. 내게는 다른 할일들이 있다. 내가 이 세상에 온 것은 세상을 살기 좋은 곳으로 만들려는 중요한 목적이 있어서가 아니라 좋든 나쁘든 그 안에서 살기 위해서이다. 한 사람이 모든 일을 다 해야 하는 것은 아니다. 그 중 어떤 일만 하면 된다. 그리고 그가 모든 일을 할 수 없다고 해서 어떤 나쁜 일을 해야만 하는 것은 아니다.

소로가 말했듯이 보통 불의와의 싸움에 나선 사람들에게 많은 사람들은 호의든 적의든 간에 "지금 행동하지 말고 기다려보자"고 한다. 그러나 루터 킹 목사가 말한 것처럼 그 불의에 의해 고통받는 사람에게 '정의를 위한 시간표'("버밍험 감옥으로부터의 편지")를 대신 마련해 줄 권리가 있는 사람은 없다. 또 어떤 사람들은 '행동보다는 대화와 타협'을 권한다. 그러나 보통 약자들의 직접적이고 즉각적인 행동이 없는 한, 불의한 강자가 '대화와 타협'에 나서는 경우는 거의 없다. 소로의 말인즉슨 '우리가 불의를 중단시키기 위해 필요한 모든 일을 당장 할 수는 없지만 불의한 일에 협조하지 않고 불법에 복종하지 않는 것은 지금 당장 내가 할 수 있는 일'이란 것이다.

그러나 소로도 인정하듯 그것은 그리 쉬운 일이 아니다. 자신이 가진 '직책을 포기'하고, '피를 흘릴' 경우도 있을 것이다. 또한 자신들의 재산과 가정에 피해를 입게 될 경우도 있다. 부자는 정부에 크게 의존하고 잃어버릴 것이 많기에 더욱 불복종하기가 어렵다. 그러나 우리가 그렇게 하지 않으면 '양심과 인간다움의 피흘림'이 있을 것이다.

부자는(불유쾌한 비교를 하려는 것은 아니지만) 언제나 그를 부자로 만들어준 기관에 영합하게 마련이다. 단언컨대, 돈이 많으면 많을수록 덕은 적다. 왜냐하면 돈이 사람과 그의 목적물 사이에 끼어들어 그를 위해 그것들을 획득해 주기 때문이다. 그리고 돈을 가지게 된 것도 무슨 큰 덕이 있어서가 아니기 때문이다. 돈은 돈이 없었더라면 그가 그 답을 찾기 위해 고심해야 할 많은 문제들을 유보시켜준다.

돈이 있기 때문에 발생하는 유일한 새로운 문제는 그 돈을 어떻게 쓸 것인가 하는 어려우면서도 부질없는 문제뿐이다. 이리하여 부자의 도덕적 기반이 발밑부터 송두리째 흔들리게 된다. 이른바 '수단'이란 것이 늘어갈수록 삶의 기회들은 줄이든다.

사람이 부자가 되었을 때 자신의 교양을 위해 할 수 있는 최선의 일은 그가 가난했을 때 품었던 계획을 실천에 옮기는 것이다. 예수는 헤롯 일당에게 그들이 처해 있는 형편에 따라 대답했다. 그는 "세금으로 바치는 돈을 내게 보여라" 하고 말했다. 그러자 한 사람이 돈 한 닢을 꺼냈다. "만일 네가 시저의 모습이 새겨져 있고 시저가 통용가치를 갖게 한 돈을 사용한다면, 다시 말해 그 시민으로서 시저 정부의 혜택을 누리고 있다면 그가 요구할 때 그 일부를 바쳐라. 그러므로 시저의 것은 시저에게, 하나님의 것은 하나님께 바쳐라." 헤롯 일당은 어느 것이 누구의 것인지를 아는 데 전보다 현명해진 것이 없었다. 왜냐하면 그들은 애초부터 알고 싶은 생각이 없었기 때문이다.

내 이웃들 중 가장 자유분방하다는 사람들과 이야기해 보면, 그들이 이 문제의 중요성과 심각성에 대해 무슨 말을 하건, 그리고 사회 안정에 관한 관점에 대해 무슨 말을 하건, 결국 그들은 현존하는 정부의 보호 없이는 살 수 없으며, 정부에 불복종하는 경우 그들의 재산과 가정에 미칠 결과를 두려워한다는 것을 알 수 있었다.

만약 올해 1천 명이 세금을 내지 않는다고 하더라도, 그것은 그들이 세금을 내서 주 정부로 하여금 폭력을 휘두르고 선량한 사람들이 피를 흘리게 하는 것만큼이나 폭력적이고 유혈적인 처사는 아닐 것이다. 만일 평화적 혁명이란 것이 가능하다면 이것이야말로 평화적인 혁명일 것이다. 만약 세금징수원이나 그 밖의 공무원이 "나는 어떻게 해야 합니까?" 하고 내게 묻는다면(실제로 그렇게 묻는 사람이 있다) 이렇게 대답할 것이다. "만약 당신이 진정으로 무엇인가 하려고 한다면 당신 직책을 내놓으시오." 국민이 충성을 거부하고 공무원이 자기 자리를 내놓을 때 혁명은 완수되는 것이다.

그러나 피를 흘릴 경우도 생각해 보라. 양심이 상처를 입을 때도 일종의 피흘림이 있지 않은가? 그 상처를 통해서 그 사람의 진정한 인간다움과 불멸성이 흘러나가 버리고, 그는 영원한 죽음의 피를 흘리는 것이다. 나는 지금 그 피가 흐르는 것을 본다.

결국 우리는 비워야 불복종할 수 있다

시대를 가로지르는 거대한 불의는 지식인들을 미치거나 좌절하거나 회피하게 만든다. 그것은 황현(1855-1910)과 같은 절개 있는 선비의 목숨을 빼앗았고, 일제시대에 많은 지식인들을 변절하게 했고, 니체와 같은 천재의 정신을 갉아먹었다. 그만큼 직접적이고 즉각적인 행동을 통한 불복종은 어렵다. 소로처럼 직책과 재산, 명예와 가족을 가지지 않은 사람이라면 모르겠지만 대부분의 사람들은 이러한 것들을 쉽게 버릴 수가 없다. 마음을 비우고 편익과 정의를 함께 구할 수 없는 현실을 인정하지 않는 사람들에게 불복종은 너무나 고통스럽고 힘든 일이다. 기꺼이 복종하기 위해서는 많은 것을 버려서 자신을 비우고 영혼의 풍요로움을 향해 나아가야 한다. 소로는 다음과 같이 말하고 있다.

나 자신의 경우를 얘기한다면 나는 내가 조금이라도 정부의 보호에 의지하는 입장에 있다고 생각하기는 싫다. 그러나 정부가 납세고지서를 내게 내밀 때 그 권위를 부정한다면, 정부는 곧 나의 모든 재산을 빼앗아 써버릴 것이고, 나와 내 아이들을 끝없이 괴롭힐 것이다.

이것은 견디기 힘든 일이다. 이렇게 되면 한 사람이 정직하게 살면서 그와 동시에 외적인 면에서 안락하게 사는 것은 불가능해진다. 재산을 모으는 것은 헛수고가 될 것이다. 왜냐하면 그것 또한 빼앗길 게 틀림없기 때문이다. 어디 남의 땅을 조금 빌리거나 또는 무단점유해 소량의 농사만을 지어 곧 먹어버려야 할 것이다. 별 이유도 없이 근근이 살아야 하고, 자신만을 의지해야 할 것이다. 또 짐을 꾸려놓고 언제라도 떠날 채비가 되어 있어야 하며, 여러 가지 일을 벌려놓아서도 안될 것이다. 비록 터키에 살아도 모든 면에서 터키 정부의 선량한 백성 노릇을 하면 부자가 될 수 있으리라. 공자가 말하기를 '나라에 도가 있는데 가난하고 천하다면 부끄러운 일이요, 나라에 도가 없는데도 부하고 귀하면 부끄러운 일'이라고 했다.

| 시민불복종의 행동유형 |

항의와 설득: 전단 돌리기, 피켓 시위, 철야농성, 시국토론, 가두행진

비협조: 사회적 비협조(사회적 보이콧, 학생시위, 사회활동 중단), 경제적 비협조(파업, 납세거부, 불매운동), 정치적 비협조(투표거부, 징집거부)

개입: 연좌농성, 도로점거, 차단, 기술설비나 시설 등의 봉쇄, 포위, 도로나 시설물의 점거, 경제적·사회적 대안기구 건설, 태업.

삶의 방식과 가치관, 사회체제 자체에 대한 불복종과 저항이 필요하다

직접적이고 즉각적인 불복종 행동을 통해 불의에 저항하자는 소로의 주장은 간디와 마틴 루터 킹에 의해 영국의 인도에 대한 식민지 지배와 미국 백인의 흑인 인종차별을 철폐하기 위한 투쟁에 계승되었다. 그렇다면 오늘날 우리 사회에는 소로가 살았던 당시 미국 사회의 '노예제'와 '멕시코 침략전쟁' 못지않게 비인간적 삶을 강요하는 부당한 제도와 정책이 없을까? 결코 그렇지 않다.

현대 사회에서는 정치권력보다 더 힘센 권력이 돈 또는 자본, 그리고 시장 등의 경제권력이다. 물론 그뿐만이 아니다. 지식과 문화권력, 언론권력, 교육권력, 과학기술권력 등이 과거의 국가권력 못지않게 강력히 우리의 일상을 지배하고 있다. 이러한 권력들은 '누구에게 강요받지 않고 내 방식대로 살기'를 바라는 사람들을 가장 크게 방해하고 있다. 게다가 주로 물리적 힘이나 법적 강제로 사람들을 복종시키는 것이 아니라 우리의 생활방식과 가치관 그 자체를 통해 자발적으로 불의를 받아들이도록 하고 있다.

특히 오늘날 우리 사회의 시장지향적인 삶의 방식이 가져오는 불의와 부조리를 극복하는 것이야말로 소로의 〈시민불복종〉이 우리에게 던지는 가장 중대한 과제다. 우리 사회는 물질적·육체적 편익을 위해서라면, 경쟁에 이기기 위해서라면, 성공과 출세를 위해서라면, 양심과 정의, 진실, 자유와 개성 등은 중요하지 않다는 사람들이 주류를 형성하고 있다. 그들은 인간다운 삶의 길에 불복종하고 부당한 돈과 권력과 제도에 복종한다. 따라서 인간다운 길을 위해 국가와 다수도 비판과 성찰의 대상이 되어야 한다는 소로의 주장은 이제 더욱 폭넓게 적용되어야 한다. 경제적 효율을 최우선시하는 자본주의적 생활방식과 가치관 자체가 비판과 성찰, 불복종의 대상이 되어야 한다. 경제적 이익보다 다른 삶의 가치들을 우선하는 지속가능한 삶의 방식과 가치관을 갖지 못한다면 이들 현대적인 권력들에 대한 지속적인 불복종은 불가능할 것이다.

소로는 〈월든〉에서 시장과 정부에 구속되지 않는 삶의 방식을 보여주고 있다. 그것은 바로 경쟁과 독점 대신 연대와 나눔을, 노동력의 상품화 대신 호혜적인 노동의 교환을, 자연에 대한 개발과 착취 경제 대신 자연친화적인 생태적 경제를 지향하는 삶이다. 그의 삶은 우리에게 많은 점을 시사한다. 그러나 지금과 같은 거대한 자본주의적 산업경제체제에서 그것은 소수에게만 지속가능한 삶의 방식이자 불복종이다. 이제 '시민불복종'은 개인적으로는 새로운 삶의 방식으로 살아가기와 동시에 대다수 사람들이 그처럼 평화롭고 건강한 삶의 방식을 지속적으로 유지하기 위해 필요한

사회체제를 어떻게 만들 것인가, 하는 문제로까지 나아가
야 한다. 따라서 인간적인 권리와 책무에 더하여 새로운 꿈
을 위한 '시민불복종'이 필요하다.

실전 연습문제

다음 제시문들을 읽고 물음에 답하시오.

(가)

과두제(寡頭制) 밑에서 30명의 집정관이 집권했을 때, 그들은 나와 다른 네 사람을 원형 건물로 소환하여 살라미스 사람 레온을 살라미스에서 데려오라고 명령했다. 그들은 그를 사형에 처하고자 했던 것이다. 이것은 그들이 가능한 한 많은 사람을 그들의 죄에 연루시키기 위해 항상 내리고 있던 명령의 한 예에 지나지 않는다. 그때 나는 말로써가 아니라 행동으로써 이러한 표현을 사용하는 것이 허용된다면 나는 죽음을 조금도 개의치 않으며, 내가 가장 걱정하고 있는 유일한 일은 부정하거나 불경스러운 일을 저지르지 않는 것임을 보여주었다. 저 압제적인 정권의 강력한 힘도 나를 위협해서 나쁜 일을 시키지는 못했기 때문이다. 다시 말하면 우리들이 원형 건물에서 나왔을 때 다른 네 사람은 살라미스로 가서 레온을 데리고 왔지만, 나는 조용히 집으로 돌아갔다. 이 일이 있은 직후에 30명 집정관의 정권이 붕괴되지 않았다면 나는 이 일 때문에 목숨을 잃었을 것이다.

(나)

　법이 정당한가 그렇지 않은가를 판가름하는 시금석은 적법성이 아니라 도덕성인 것이다. 내 생각에 시민불복종의 원칙은 우리가 법에 대한 모든 불복종 행위를 참아내는 데 있는 것이 아니라, 법에 대한 무조건적 복종을 거부하는 데 있다. 법이 아니라 정의가 궁극적인 잣대가 되어야 한다.

　이 점이 많은 사람들에게 성가시게 느껴질지 모른다. 그렇게 되면 사람들은 자신들의 사회적 활동을 도덕적 양심에 따라 심사숙고해야 한다는, 무거운 책임을 져야 하기 때문이다. 여러 시책과 정책에 대해 끊임없는 판단을 요구하기 때문에 혼란스러울 수도 있다. 현재 법이 어떻게 되어 있든, 정치인들이 법을 자신들의 이해에 따라 어떻게 주물럭거려 왔든, 대법원이 그 법을 어떻게 해석하든 간에 뒤로 물러앉아 그 법 자체가 우리 자신을 대신하여 도덕적 판정을 내리도록 놔두는 것이 훨씬 쉽기는 하다. 정말이다, 그 편이 수월하다. 그러나 "자유의 대가는 영원한 불침번이다"고 했던 토머스 제퍼슨의 말을 상기해 보라.

　이런 식의 국민적 판단에 대해서는 하나의 공포가 존재하는데, 국민들이 이런 식으로 법에 복종할 것이냐 불복종할 것이냐를 결정하게 되면 끔찍한 사태가 초래될 것이

라는 게 그것이다. 베트남전을 종식시킬 한 가지 방법으로
서 징집거부운동을 제창했던 벤저민 스폭 박사와 윌리엄
슬로언 커핀 목사, 그리고 작가인 미첼 굿맨과 하버드대생
이었던 마이클 페버 등 네 사람이 1978년 여름 보스턴에서
프랜시스 포드 판사에 의해 징역형에 처해졌는데, 그때 판
사가 말한 것이 "법과 질서가 중지된 곳엔 분명코 무정부상
태가 시작된다"였다.

포드 판사의 말은, 최저임금제가 곧 볼셰비즘을 불러
올 것이라거나, 버스에서의 흑백분리 좌석이 없어지면 곧
흑백 인종 간 혼혈사태가 벌어질 것이라거나, 베트남에 공
산주의가 들어서면 곧 세계가 공산화되고 말 것이라고 되
뇌어왔던 보수파의 충동질과 근본적으로 맥락을 같이한다.
그리고 행동이란 모두 주어진 한 방향으로 돌진하여 극단
으로 치닫게 마련이라고 추정하고 있다. 사회적 변화는 모
두 가파르고 미끄러운 언덕쏙대기에서 일이니는 것이어서,
일단 한 번 밀기만 하면 밑바닥까지 그냥 돌진해갈 것이라
는 식이다.

그러나 실제로 시민불복종은 다른 모든 개혁운동과 마
찬가지로 언덕꼭대기까지 밀고 올라가는 일에 더 가깝다.
세상사는 일반적으로 기존의 것이 그대로 존속되는 경향을
띤다. 인류 역사에서 반역이란 단지 이따금 일어나는 고통
에 대한 반작용일 뿐이었고, 권력에 맞서 반항하기보다는

복종해 온 사례가 훨씬 더 많다. 우리가 좀더 관심을 기울여야 할 것은, 그 자연스런 추세상 격렬한 폭동으로 치달은 몇몇 경우가 아니라, 사람들이 불가항력적인 부당한 상황에 직면하여 갖게 되는 복종적 성향이다. 역사적으로 가장 끔찍한 일들, 예컨대 전쟁, 대량학살, 노예제 따위는 불복종이 아니라 복종에서 비롯된 결과였다.

복종과 불복종의 구별점은 어디인가? 프롬은 권력에 대한 순종, 즉 타율적인 순종은 복종이지만, 자신의 이성인 확신에 대한 스스로의 순종, 즉 자율적인 순종은 긍정의 행위라고 말한다. 따라서 이성과 확신에 찬 거부의 행위만이 불복종인 것이다. "불복종의 의미는 이성과 의지에 대한 확증의 행위이다. 이것은 원초적으로 무엇에 '맞서는' 것이 아니라 무엇을 하고자 '향하는' 태도이다. 즉 볼 수 있고 본 것을 말할 수 있고 보지 않은 것은 이야기하기를 거부할 수 있는 인간의 능력을 향한 행위이다.

(다)-1

鳥獸哀鳴海岳嚬 (조수애명해악빈)

槿花世界已沈淪 (근화세계이침륜)

秋燈掩卷懷千古 (추등엄권회천고)

難作人間識字人 (난작인간식자인)

새 짐승도 슬피 울고 강산도 찡그리니,

무궁화 온 세상이 이젠 망해 버렸어라.

가을 등불 아래 책 덮고 지난 날 생각하니,

인간 세상에 글 아는 사람 노릇, 어렵기도 하구나.

—황현의 절명시(絶命詩)

(다)-2

창 밖에 밤비가 속살거려

육첩방[六疊房]은 남의 나라,

시인이란 슬픈 천명[天命]인 줄 알면서도

한 줄 시를 적어볼까,

땀내와 사랑내 포근히 품긴

보내 주신 학비 봉투를 받아

대학 노트를 끼고

늙은 교수의 강의 들으러 간다.

생각해 보면 어린 때 동무들

하나, 둘, 죄다 잃어버리고

나는 무얼 바라

나는 다만, 홀로 침전[沈澱]하는 것일까?

인생은 살기 어렵다는데
시가 이렇게 쉽게 씌어지는 것은
부끄러운 일이다.

육첩방[六疊房]은 남의 나라,
창 밖에 밤비가 속살거리는데,

등불을 밝혀 어둠을 조금 내몰고
시대처럼 올 아침을 기다리는 최후의 나,

나는 나에게 작은 손을 내밀어
눈물과 위안으로 잡은 최초의 악수.

—윤동주의 "쉽게 씌어진 詩"

(라)

　여러분이 이렇게 물어보는 것은 당연하다. 왜 직접적인 행동을 합니까? 왜 연좌농성, 행진 등등을 합니까? 협상이 보다 좋은 방법이 아닌가요? 협상을 요구한다는 것에서 여러분은 매우 옳습니다. 참으로 이것이 바로 직접적인 행동의 목적입니다.

직접적인 비폭력행위는 끊임없이 협상하기를 거절해
온 공동체가 그 문제에 직면하지 않을 수 없도록 하는 그러
한 긴장을 촉진하고, 또한 위기를 창조해내려 합니다.

그것은 더 이상 무시할 수 없을 정도로 극적으로 그 문
제를 표현하려 합니다. 비폭력 저항활동의 한 부분으로 긴
장을 창조한다는 나의 말은 다소 충격적으로 들릴지 모릅
니다. 그러나 나는 '긴장'이라는 낱말을 두려워하지 않는다
는 것을 고백해야만 합니다.

나는 진지하게 폭력적인 긴장에 반대해 왔지만 성장에
필수적인 건설적인 형태의 비폭력적 긴장이 존재합니다. 소
크라테스가 개인이 신화와 반쪽 진리의 족쇄로부터 벗어나
서 창의적인 분석과 객관적인 평가의 속박 없는 왕국으로
나아갈 수 있기 위해서는 마음속에 긴장을 창조하는 것이
필수적이라고 느낀 것처럼 우리는 비폭력의 개혁을 끈질기
게 주장하는 사람들이 사람늘보 하어금 편견과 인종차별의
어두운 오지로부터 이해와 동포애의 당당한 고지로 오르도
록 도와줄 그러한 종류의 긴장을 사회 속에 창조할 필요성
을 보아야만 합니다.

우리의 직접적인 행동계획의 목적은 위기가 꽉 채워져
협상의 문을 불가피하게 열게 될 상황을 만들어내는 것입
니다. 그러므로 나는 협상에 대한 요청에 여러분과 의견을
같이합니다. 우리의 사랑스러운 남쪽 땅은 너무나 오래 대

화보다는 독백 속에서 살려는 비극적인 노력 속에 빠져 있습니다.

나는 여러분에게 나의 기독교인들에게 그리고 유대인 형제들에게 두 가지 정직한 고백을 해야 합니다. 첫째로 나는 과거 몇 년 동안 심히 온건한 백인들에게 실망해 왔다고 고백해야겠습니다. 나는 자유를 향한 흑인들의 진보 속에 커다란 장애물이 백인위원이나 쿠-클럭스-클랜 단원이 아니라 정의보다는 명령에 더 헌신해 온 온건한 백인이라는 유감스러운 결론에 거의 도달했습니다. 즉 그 온건한 백인은 정의가 존재하는 긍정적인 평화보다 긴장이 없는 부정적인 평화를 더 좋아하고, 항상 "나는 여러분이 추구하는 목표에 대해 여러분과 동의합니다. 그러나 나는 직접적인 행동이라는 여러분의 방법에는 동의할 수 없습니다"라고 말하며, 다른 사람의 자유를 위해 시간표를 정할 수 있다고 온정적으로 믿고 있고, '시간의 신화적 개념에 의해'('시간에 대한 잘못된 생각을 갖고') 살며, 끊임없이 흑인에게 '보다 적절한 시기'를 기다리라고 충고합니다.

선한 의지를 가진 사람으로부터의 얕은 이해가 악한 의지를 가진 사람으로부터의 절대적인 몰이해보다 더 좌절을 불러일으킵니다. 미온적인 수용이 분명한 거절보다 훨씬 더 (우리를) 당황하게 합니다.

—마틴 루터 킹의 "버밍험 감옥으로부터의 편지"

1. 제시문(가)와 (나)의 필자들과 제시문 (다)의 시적 화자들이 지닌 삶의 태도에서 공통점과 차이점을 말해 보시오.

2. 제시문(라)의 주장을 요약하고 이와 비슷한 사례를 우리 사회에서 찾아 설명하시오.

3. 제시문(가)와 (나), (라)의 필자들이 공유하고 있는 행위의 기준에 대해 간략히 정리하고 이에 대한 자신의 견해를 말하시오.

〈참고자료〉

시민불복종의 정당성 비판에 대한 반론

시민불복종은 법률을 경시하게 한다.

↔ 시민불복종에 참여하는 사람들은 법률을 위반하기는 해도 오히려 법률에 대한 존중을 명시적으로 표명하는 경우가 더 많다. 그들의 목적은 법체계를 개선하고자 하는 것이다. … 시민불복종은 심사숙고 끝에 공개적인 자기희생을 통해 사회에 필요한 변화를 촉구하는 행위다. … 불복종자들은 법체계를 더 좋게 만들고 그러한 성격을 강화하려는 것이다.

시민불복종은 사회적인 이익보다 이기적인 이익을 우선적인 가치로 전제한다.

↔ 시민불복종 행위자들은 이기적인 이익을 추구하지 않는다. 오히려 대부분의 경우에 자신의 행위로 인해 자신과 가족이 손해를 입게 될 것이란 점을 알고 있다. … 그들은 이러한 불이익을 기꺼이 감수한다. 따라서 이러한 비판은 근본적으로 잘못된 것이다.

시민불복종자들 스스로 법률을 좌지우지하려고 한다.

↳ 공동체에서 올바른 권위를 갖고 있는 법률이 무엇이건 그 권위에 영향을 받는 국민은, 만약 그가 자유로운 국민이라면 그 법률에 대해 복종과 불복종을 선택할 수 있을 뿐만 아니라 반드시 선택해야 한다고 코헨은 말한다. 공동체가 정의롭고 국가권위가 정당할 때, 훌륭한 국민들은 거의 예외 없이 복종이 도덕적 의무라고 결정할 것이다. … 법을 준수하는 것이 일반적으로 옳은 일이지만, 모든 경우에 도덕적 고려보다 우선해서 절대적으로 법률을 지켜야 하는 것은 아니다. … '모든' 법률 앞에서 '어떠한' 경우든 '예외 없이' 복종해야 한다면, 사려 깊은 국민의 역할은 생각 없는 노예의 습성으로 대체될 것이다. 국민들은 노예가 아니며, 그들이 스스로의 행위를 선택할 수 있어야만 진정한 국민이 된다.

시민불복종은 법률에 대한 존중심의 토내를 파괴한다.

↳ 시민불복종은 불복종자들이 처벌을 감수하고, 법의 정의에 대한 열망을 표현하고 사회적 관심을 유도하는 긍정적 효과를 가져왔기 때문에 위의 비판과는 달리 오히려 법을 존중하는 사회환경을 보편화했다. 그 결과, 법률의 내용과 시행, 법체계의 보편적 중요성 등에 대한 공동체의 관심을 유도해 법률의 민주적 발전에 기여했다고 본다.

합법적 채널이 열려 있는 상황에서 행해지는 불법행위는 정당화될 수 없다.

↔ 동일한 목표를 성취하기 위해 합법적/불법적 방법 중에서 하나를 택할 수 있을 만큼 단순한 경우는 거의 없다. 합법적 통로가 문서상으로는 존재하지만 실제로는 막힌 경우도 있고, 그나마 열려 있더라도 전혀 효과를 발휘하지 못하는 무기력한 방법인 경우도 있다. 따라서 합법적으로 항의할 방법이 있다는 사실만으로 시민불복종이 정당화될 수 없다는 주장은 부당하다는 것이 코헨의 반론이 갖는 핵심이다. 역사적인 증거에 따르면 대부분의 시민불복종은 … 합법적인 정치행위가 문제해결의 방법으로는 전혀 효과가 없다는 것이 밝혀진 후에야 시작된다. 시민불복종은 합법적 행위로는 만족시킬 수 없는 도덕적 영향력과 공공적 효과를 갖고 있으며, 합법적 통로에 의한 교정이 도무지 달성되지 않을 것처럼 보일 때, 정상적 정치과정으로서는 긴급히 요청되는 사회정의를 충족시킬 수 없을 때 행해진다. 따라서 합법적 통로의 존재 유무만으로 시민불복종의 정당성을 재단할 수는 없다.

시민불복종은 민주적 절차를 전복시키기 때문에 정당화되어서는 안 된다.

↔ 건전한 민주적 절차를 유지하는 것이 그 자체로 매우

가치 있는 일이라고 할지라도, 그 목적을 극대화하기 위한 일이 다른 모든 고려사항들보다 우선하는 도덕적 가치라는 주장에는 동의할 필요가 없다. 이 점은 뉘른베르크 전범재판 결과에서도 명확하게 드러난다. 전범으로 처벌된 사람들은 합법적인 명령을 이행했지만, 인간과 평화에 대한 범죄를 저지른 죄로 처벌되었다. 부당한 명령에 대한 복종은 면책사유가 되지 않는다. 베트남전에서의 양민학살 책임자를 처벌한 사례에서도 이러한 원리는 다시 한 번 확인되었다.

정당성에 근거한 판결원칙

대의제 민주주의에서 대표자, 특히 입법부에 대한 국민의 정치적 위임은 그들의 부도덕한 행위의 정당성에 대한 판단까지 위임하는 것이 아니며, 정의를 실현하려는 법정신은 마땅히 존중되어야 하지만 부도덕한 법률을 강제하는 행위에는 단호하게 저항해야 한다. 국민들은 스스로에게 부과한 법질서에 대한 복종 의무, 그리고 현실의 부도덕한 정치행위와 부정의한 법조항은 정당하게 철회할 수 있다. '민주법치국가는 국민에게 법에 대한 무조건적 복종이 아니라 조건부 복종을 요구하며, 무엇보다도 동의는 심사권을 박탈당함을 의미하지 않고, 주권자의 자유로운 동의는 한 번으로 끝나는 행위가 아니라 지속적인 이해의 한 과정'이기 때문이다.

맺는말

　민주주의는 법률에 따라 통치해야 하지만, 그렇다고 해서 법률과 의견이 다른 사람들에게 침묵을 강요해서는 안 된다. 소크라테스를 빙자하여 "악법도 법이다"고 말하는 자들은 언제나 지배자, 악법을 통해 이득을 얻는 기득권자, 그리고 왜곡된 사회 속에서 그 악법을 통해 이익을 차지할 수 있는 자이거나 그들에게 빌붙는 자였다. 그러나 '악법'이란 말은 이미 그 법이 정당하지 못한 규율이란 의미가 내포되어 있으며, '법이다'란 말에는 부정한 규율을 강제하려는 의도가 내포되어 있다. 즉 지배자들이 피지배자들을 악법에 복종하도록 강제하려는 비민주적 의지가 담겨 있는 것이다. 여기에 맞서 특정 법률이나 정책이 현명하지 못하거나 부정의하다고 생각하는 비판적 불복종자들은 저항을 계속해야 한다. 민주주의 체제를 건강하게 유지하기 위해서는 법률과 제도와 명령과 관행에 대한 소수의 항의가 필수적인 요소다. 참된 민주주의는 불복종자들을 필요로 하며, 그들의 합리적이고 양심적인 항의 위에서만 발전할 수 있다. 진정으로 참된 민주주의라면 이러한 불복종자들을 두려워하지 않고 오히려 이들의 의견을 존중할 것이다.

—'신아크로폴리스' 토론회 중에서

시민불복종과 저항권

시민불복종이 일상적인 경우에 나타나는 행위라면, 저항권은 긴급할 경우에만 사용되는 행위다. 시민불복종은 폭력을 행사해서는 안 되지만, 저항권은 상황에 따라 폭력을 행사할 수 있다.(혁명과도 비교해 보라.) 상이한 역사적 배경에서 나온 두 개념은 실제로 유사한 상황에 적용되면서 비슷하게 여겨지기도 하며, 오늘날 학자들 가운데에서는 시민불복종을 저항권의 일부로서 다루거나 저항권을 시민불복종과 유사한 개념으로 대체하는 시도들도 행해진다.

시민불복종

소극적 저항이라고도 일컫는다. 정부 또는 점령국의 요구나 명령 등에 대해 폭력, 전투 등의 적극적인 저항수단을 취하지 않고 단순히 복종을 거부하는 행위.

주된 목적은 정부나 점령국으로부터 국민들이 정의로운 행동에 대해 관용이나 승인을 얻으려는 것이다. 전반적인 법체제 자체에 대한 거부라기보다는 상징적이고 의식적인 법률저항 또는 위반행위로서, 아프리카와 인도의 민족주의운동, 미국 흑인의 민권운동, 여타 국가의 노동운동과 반전(反戰)운동에서 주요한 전술과 이념으로 활용되었다.

봉쇄되어 있거나 존재하지 않는 법적 개혁경로를 모색

하려는 시민불복종운동의 주체는 특정 법률과 충돌하는 초법적 원리에 대한 의무를 진다고 볼 수 있다. 그러나 시민불복종은 저항의 역할을 하는 한, 범죄이기 때문에 그 운동가와 대중들은 마땅히 처벌되어야 한다는 사실을 인식하고 있으며 그것을 감수하면서 정치적 다수파나 정부로 하여금 정치적 · 사회적 · 경제적 개혁을 실행하도록 자극할 도덕적 모범을 세우려고 하고, 반드시 도덕적 모범을 보여야 한다는 의식에 따라 비폭력적이어야 한다는 것을 강조한다.

시민불복종의 이념과 실천에 대해서는 다양한 비판이 있으나 급진적 비판론자들은 시민불복종이 현존 정치체제를 인정한다는 점을 비난한다. 한편, 보수적 사상가들은 시민불복종의 논리적 확장은 무정부주의이고, 자신이 선택한 법률을 언제든 위반할 수 있는 개인적 권리를 인정하는 것이라고 본다. 시민불복종운동의 주체들도 그 의미에 대해 두 가지 입장을 보인다. 하나는 사회개혁의 총체적 이념이란 입장이고, 또 하나는 다른 방법이 없을 경우에 채택하는 단순한 전술이란 입장이다. 실용적 관점에서 본다면, 시민불복종의 효과는 도덕성에 대한 대국민적 호소를 통해 궁극적으로 성취하려는 저항을 견지하는 것에 달려 있다.

시민불복종의 이념은 서구 사상에 깊이 뿌리내리고 있다. 키케로, 토마스 아퀴나스, 존 로크, 토머스 제퍼슨, 헨리 데이비드 소로 등은 모두 어떤 초인적 도덕률과의 조화를 통해 시민불복종을 정당화시키려고 했다. 현대에 시민불복종 개념을 가장 명확하게 규정했던 사람은 마하트마 간디였다. 그는 동·서양 사상으로부터 사티아그라(satyagraha. 무저항 불복종)의 이념을 발전시켜 처음에는 1906년 남아프리카 공화국의 트란스발에서, 이후에는 인도에서 동등한 권리와 자유를 쟁취하기 위해 비폭력 저항운동으로 인민들을 이끌었다. 간디의 영향을 받아 1950-70년대의 미국 흑인 민권운동은 마틴 루터 킹 목사로 대표되는 시민불복종의 전술과 이념을 채택했다. 시민불복종의 원리는 뉘른베르크 전범재판을 통해 국제법에서도 일정한 지위를 차지했다. 일정한 상황 하에서는 개인이 자국의 부당한 법률을 거부하지 못한 양심적 책임을 져야 한다는 원칙을 확인한 것.

저항권

국민의 기본권을 침해하는 국가권력의 불법적 행사에 대해 복종을 거부하거나 실력행사를 통해 저항할 수 있는 국민의 권리. 반항권이라고도 한다. 우리나라의 경우 헌법에 저항권 규정이 없으나 '불의에 항거한 4·19 민주이념을 계승하고'라는 전문의 문구를 저항권의 근거로 삼고 있다.

동서고금의 역사는 권력의 추구와 쟁탈, 그리고 그것을 통한 권력이동으로 이루어졌다고 해도 과언이 아니다. 흔히들 권력을 왕이나 대통령 한 사람에 집중되는 정치권력으로만 생각한다. 이것이 소위 주권이란 사법적 개념인데, 다음과 같은 과정을 거친다. 모든 인간은 행복추구권을 가지고 있는데, 각자가 자기 권리만 주장하다가 타인의 욕구와 부딪쳐 생존권이 부정될 위험에 처하는 것을 막기 위하여 권리의 일부를 양도해 모든 사람을 위압하는 공통의 힘을 만들어낸다. 이때 상호간에 이루어지는 권리의 양도가 바로 사회계약이고, 모든 사람을 통제하기 위해 인위적으로 만들어낸 힘이 국가권력이다. 이것이 소위 자연권 사상에 기초한 계몽주의 사상가들, 특히 홉스의 주권이론이다. 홉스는 계약에 의한 이 거대한 인위적 힘을 구약성서 욥기에 나오는 기괴한 상상의 동물 리바이어던으로 불렀다. 그리고 상호간에 맺어진 사회계약의 이행을 정의, 그 파기를 부정의라고 했다. 왜냐하면 계약이란 제대로 지킬 때 합법이고, 파기했을 때는 불법이기 때문. 이것이 바로 사회계약론이다. 사람들이 양도하는 최초의 권리가 주권을 구성하며, 따라서 정치권력의 모태는 계약이라는 개념이다. 여기에서 억압의 가설이 생겨났다. 권력이 계약을 준수하지 않고 그 한계를 넘어섰을 때가 바로 압제이자 억압이며, 여기서 민중 저항권의 합법성 이론도 나왔다.

저항권의 행사요건

　① 국가권력의 행사가 불법임이 객관적으로 명백할 것

② 다른 구제 방법이 없는 경우, 최후 수단으로 이용되
어야 할 것

미국에서 1억부 이상 판매된 기적의 논술가이드
클리프노트가 한국에 상륙했다!!

방대한 고전을 하루만에 독파하는 스피드
다락원 명작노트 **CliffsNotes™** 시리즈는

▶ 미국대학위원회, 서울대, 연·고대 추천 고전을 알기 쉽게 재구성한 대한민국 대표 논술교과서입니다. ▶ 작품의 핵심내용과 사상, 역사적 배경, 심볼, 작가의 의도 등을 명확하게 정리하여 방대한 원작을 쉽고 빠르게 이해할 수 있게 해줍니다. ▶ 미국에서 리포트, 논술용으로 1억 부 이상 팔린 초베스트셀러의 명성에 비평적 사고와 논리적 글쓰기의 모델을 제시하는 〈一以貫之〉의 논술 노트를 통해 사고 능력, 읽기 능력, 쓰기 능력을 체계적으로 길러줍니다.

★ 〈一以貫之〉 논술연구모임: 대입 논술이 시작될 때부터 학원과 학교에서 논술을 가르쳐온 전문가들의 모임입니다. 현재 서울·분당·평촌·인천·광주·부산·울산 등의 유명 학원과 고등학교의 논술강의 현장에서 학생들이 '자신의 물음'과 '자신의 생각'을 갖고 '자신의 글'을 쓸 수 있도록 도와주고 있습니다.

다락원 명작노트 **CliffsNotes™** 시리즈 50권 출간

001 걸리버 여행기   002 동물농장   003 허클베리 핀의 모험   004 호밀밭의 파수꾼   005 구약 성서

006 신약 성서   007 분노의 포도   008 빌러비드   009 이반 데니소비치의 하루   010 카라마조프 가의 형제들

011 순수의 시대   012 안나 카레니나   013 멋진 신세계   014 캉디드   015 캔터베리 이야기   016 죄와 벌

017 크루서블   018 몬테크리스토 백작   019 데이비드 코퍼필드   020 프랑켄슈타인   021 신곡

022 막대한 유산   023 햄릿   024 어둠의 심연 外   025 일리아드   026 진지함의 중요성   027 제인 에어

028 앵무새 죽이기   029 리어 왕   030 파리대왕   031 맥베스   032 보바리 부인   033 모비딕

034 오디세이   035 노인과 바다   036 오셀로   037 젊은 예술가의 초상   038 주홍 글씨   039 테스

040 월든   041 워더링 하이츠   042 레미제라블   043 오만과 편견   044 올리버 트위스트   045 돈키호테

046 1984년   047 이방인   048 율리시스   049 실낙원   050 위대한 개츠비

작가 노트 | 작가에 대해 꼭 알아야 할 배경지식이 담겨 있습니다.

작품 노트 | 작품의 개요, 전체 줄거리, 등장인물 등 작품 전반을 이해하는 데 필수적인 부분을 실어 놓았습니다.

Chapter별 정리 노트 | 각 장의 '줄거리'와 '풀어보기'가 들어 있습니다. '줄거리'에서는 원작의 내용을 명쾌하게 파악할 수 있습니다. '풀어보기'에서는 원작에 담긴 문학적 경향, 주제, 상징 등을 다루었습니다.

인물분석 노트 | 등장인물에 대한 보다 면밀한 분석이 들어 있습니다.

마무리 노트 | 작품의 주제 등 보다 넓은 시각에서 작품을 볼 수 있도록 도와줍니다.

Review | 작품 이해도를 묻는 질문 코너입니다. 다양한 질문에 답하다 보면 작품에 대한 포괄적이고 의미 있는 파악이 가능해집니다.

一以貫之 논술 노트 | 권말에는 일이관지 논술연구모임에서 작성한 해당 작품과 관련한 논술 노트가 실려 있습니다. 원작을 우리의 삶과 연계시켜 비판적 사고와 논리적 글쓰기의 방향을 제시합니다.

실전 연습문제 | 해당 작품을 바탕으로 출제 가능성이 높은 논점을 함께 숙고해 봅니다.

★ 변형 국판　★ 각권 8,500원

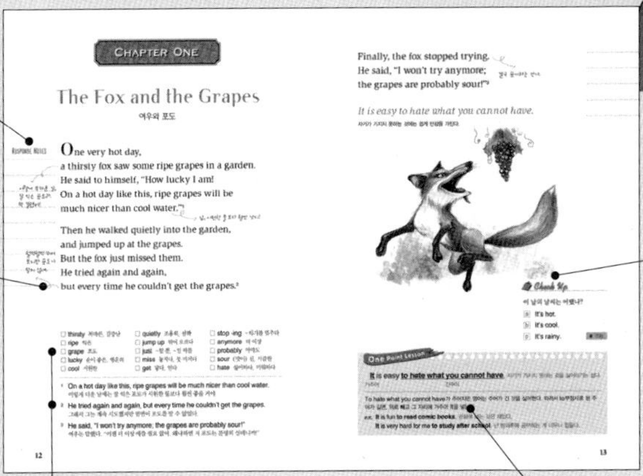

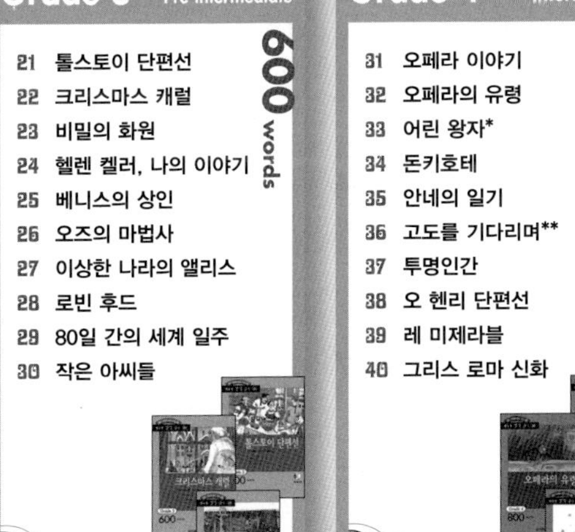

Response Notes
(독자의 공간)
영문을 읽어나가다
궁금한 점, 기억해 두어야
할 점을 메모한다.

해석 도우미
(일명 '돼지꼬리')
꼬리 끝에 해석을 돕는
힌트가 꽂혀 있다.

주요 어휘 및 문장 해석

Check-Up
내용 파악이
잘 되었는지 확인.

One-Point Lesson
주요 문법사항이나 표현에
대한 심층 분석 코너.

실력 굳히기

실력에 맞게 효과적으로 끊어 읽으며 직독직해 훈련을 한다.

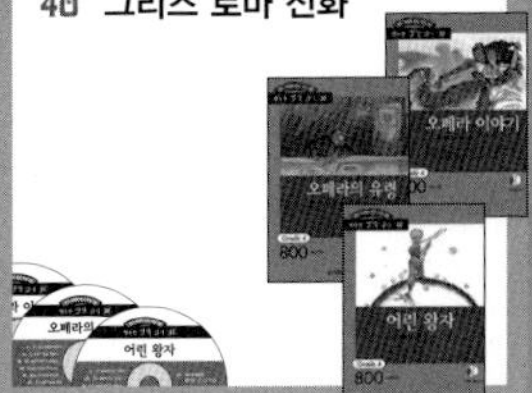

영어의 맛
제대로 느끼기

영문판 원서 도전을 위한
전 단계의 준비과정이다.

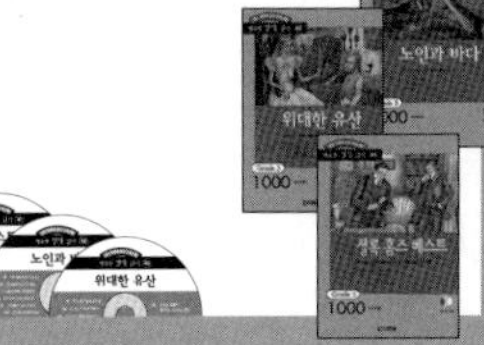

Grade 3 Pre-intermediate (600 words)	Grade 4 intermediate (800 words)	Grade 5 Upper-intermediate (1000 words)
21 톨스토이 단편선	31 오페라 이야기	41 센스 앤 센서빌리티
22 크리스마스 캐럴	32 오페라의 유령	42 노인과 바다
23 비밀의 화원	33 어린 왕자*	43 위대한 유산
24 헬렌 켈러, 나의 이야기	34 돈키호테	44 셜록 홈즈 베스트
25 베니스의 상인	35 안네의 일기	45 포 단편선
26 오즈의 마법사	36 고도를 기다리며**	46 드라큘라
27 이상한 나라의 앨리스	37 투명인간	47 로미오와 줄리엣
28 로빈 후드	38 오 헨리 단편선	48 주홍글씨
29 80일 간의 세계 일주	39 레 미제라블	49 안나 카레니나
30 작은 아씨들	40 그리스 로마 신화	50 나에겐 꿈이 있습니다 －명연설문 모음

패턴 따라 쉽게 쓰는 틴틴 영어일기 1, 2

❶ 일상생활 패턴정복
❷ 학교생활 패턴정복

중학교에 다니는 여학생과 남학생이 각각 일상생활과 학교생활을 중심으로 1년간의 일을 쉽고 재미있게 쓴 영어일기. 중학생이라면 누구나 한번쯤 겪어봤을 만한 일들을 바탕으로 한 다양한 일기 소재와 어휘가 제공되어 있기 때문에, 영어일기를 통해 영작을 연습하려는 학습자에게 큰 도움이 될 수 있는 교재이다. 중·고생뿐만 아니라, 중학 영어를 미리 예습하려는 예비 중학생들에게도 아주 효과적인 영어 학습서로 강추!

□ 정미선 지음 / 4·6배 변형 / 192면
□ 정가 10,000원 (오디오 CD 1개 포함)

Teen Teen Diary (전3권)

❶ **매일 10단어로 뚝딱 중학생 영어일기**

중1 수준의 어휘와 문장으로, 영어일기와 일상회화에 대한 감각을 익힌다.

□ 정미선 지음 / 신국판 / 144면
□ 정가 7,500원 (테이프 1개 포함)

❷ **매일 5문장으로 술술 중학생 영어일기**

중2 수준의 어휘와 문장으로, 영어일기에 친숙해지고 자신감을 쌓는다.

□ 정미선 지음 / 신국판 / 152면
□ 정가 7,500원 (테이프 1개 포함)

❸ **매일 내맘대로 쓱싹 중학생 영어일기**

중3 수준의 어휘와 문장으로, 중학영어를 마스터하고 미국의 일상회화에 익숙해진다.

□ 정미선 지음 / 신국판 / 144면
□ 정가 7,500원 (테이프 1개 포함)

지니의 미국생활 영어일기 Hello! America (전2권)

❶ 가을학기   ❷ 봄학기

어느 한국 여학생의 미국생활 이야기를 일기 형식으로 담은 책. 1권은 '가을학기', 2권은 '봄학기'편으로, 총 1년간의 미국 학교생활 및 일상생활에 관한 흥미로운 이야기들이 담겨 있다. 미국 학생들의 실생활을 바탕으로 한 탄탄한 스토리로 살아 있는 현지 영어와 미국문화를 체험할 수 있을 뿐만 아니라, 영어 독해 및 영작 연습을 할 수 있는 아주 유용한 교재이다.

□ 이지현 지음 / 국배판 변형 / 152면
□ 정가 8,500원